高职高专财务会计类专业精品规划教材

会计综合实训
（第二版）

王巧云　白玉翠　主　编
李　晔　王　华　田　亮　副主编

清华大学出版社
北　京

内 容 简 介

本教材以企业典型业务为背景,分别采用手工方式和电算化方式进行建账,完成从业务单据处理、记账凭证编制和审核、记账、结账到会计报表编制一个完整的会计工作过程,主要内容包括:认知会计工作环境、建账及初始数据处理、日常经济业务处理、成本计算与核算、期末处理与会计报表编制5个模块。

本教材原始凭证的排列完全按照实际工作环境布局,并没有把一笔业务所需的原始凭证匹配在一起,复杂的业务需要会计人员主动去查找匹配原始单据,如一项采购业务需要查找入库单、发票、付款单,一张收款单据需要结合"应收账款"或"预收账款"多项信息来处理,教材这样设计的目的是锻炼学生驾驭原始单据的能力,着重培养学生的会计工作思路和方法。

本教材可作为高职高专院校会计及相关专业的学生教材,也可作为应用型本科院校及成人院校相关专业的教材。

本教材提供教学课件、教学视频、参考答案、电算化账套等素材,配有会计工作操作视频和微课学习资源,读者可以使用移动终端扫描二维码观看学习。

本书封面贴有清华大学出版社防伪标签,无标签者不得销售。
版权所有,侵权必究。举报:010-62782989,beiqinquan@tup.tsinghua.edu.cn。

图书在版编目(CIP)数据

会计综合实训/王巧云,白玉翠主编.—2版.—北京:清华大学出版社,2019(2023.1重印)
(高职高专财务会计类专业精品规划教材)
ISBN 978-7-302-53446-4

Ⅰ.①会… Ⅱ.①王… ②白… Ⅲ.①会计学-高等职业教育-教材 Ⅳ.①F230

中国版本图书馆 CIP 数据核字(2019)第 163003 号

责任编辑:左卫霞
封面设计:傅瑞学
责任校对:袁 芳
责任印制:宋 林

出版发行:清华大学出版社
网 址:http://www.tup.com.cn,http://www.wqbook.com
地 址:北京清华大学学研大厦 A 座 邮 编:100084
社 总 机:010-83470000 邮 购:010-62786544
投稿与读者服务:010-62776969,c-service@tup.tsinghua.edu.cn
质量反馈:010-62772015,zhiliang@tup.tsinghua.edu.cn
课件下载:http://www.tup.com.cn,010-62770175-4278

印 装 者:三河市铭诚印务有限公司
经 销:全国新华书店
开 本:185mm×260mm 印 张:18 字 数:292 千字
版 次:2016 年 9 月第 1 版 2019 年 9 月第 2 版 印 次:2023 年 1 月第 6 次印刷
定 价:59.00 元

产品编号:084310-01

主 编 简 介

王巧云,教授,1986年毕业于河北大学经济系财政金融专业,获经济学学士学位;2006年获河北大学管理学硕士学位。在《财务与会计》《财会月刊》等国家级刊物上发表专业论文数十篇。曾兼任某商贸公司总账会计3年;为多个公司实施ERP财务软件;参加社会审计数次。研究方向是ERP环境下的内部会计控制。

白玉翠,副教授,工商管理硕士,河北省会计领军后备人才,河北省内控制度建设咨询专家。曾获河北省第十七届教育教学信息化大赛高等教育组二等奖,学院第一届信息化教学大赛二等奖,全国优秀多媒体教学课件评选大赛一等奖。长期从事商业、建筑业企业会计核算和纳税筹划。

第二版前言

FOREWORD

《会计综合实训》自2016年9月出版以来,广大师生及社会读者对该书都给予了很大的关爱。由于我国的会计制度和税收法律有新的调整,为了更好地服务于教学、服务于读者,实时地将企业的财务处理方法再现于模拟实训教材中,因此编者对原来的教材进行了全面的更新。

本教材根据2018年10月以来新修订的税收政策及社会保险征缴办法,模拟某制造企业2020年1月经济业务,做到了理论与实践的零距离对接,采用手工账和电算账(用友U8 V10.1财务软件)两种方式进行实训。

再版后的《会计综合实训》在第一版的基础上做了以下修改和更新。

(1)体现现行最新的银行结算方式。

(2)体现2019年5月新调整的社保费率。

(3)体现2019年4月以来新调整的增值税税率,以及抵扣范围的扩大。

(4)体现2019年1月新实施的社会保险费由税务部门统一征收的操作办法。

(5)体现2018年10月以来新修订的个人所得税政策。

本教材由王巧云和白玉翠担任主编,王巧云负责全书的编纂、修改和定稿。具体编写分工如下:模块1和模块2由王巧云执笔,模块3的4个学习情境分别由白玉翠、田亮、张书慧、魏玮玲执笔,模块4的4个学习情境分别由李晔、王万成、吴建、程璐执笔,模块5的两个学习情境分别由王华、温月振执笔。中喜会计师事务所有限公司石家庄分公司总经理石长海注册会计师对本书内容进行了审定。

尽管本教材在特色建设方面做出了很多努力,但由于编者水平有限,难免有疏漏之处,恳请广大读者批评、指正。受版面所限,有些图片,如印章尺寸可能出现失真,敬请包涵。

本教材实训资料中所有的内容,包括单位名称、地址、开户行、账号、电话、人名均为虚构,如有雷同纯属巧合。本教材仅用于会计实训,不得用于任何违法活动。

编 者
2019年5月

第一版前言
FOREWORD

会计的职业特点决定了会计是一门实践性、应用性都很强的学科。会计教学不仅要向学生全面系统地传授会计基本理论和方法,更要培养其娴熟的会计实务操作能力。单纯的会计理论教学较为抽象,学生难以形成对会计全面、系统、直观的认识,更不能胜任纷繁复杂的会计核算及管理工作。加强会计实践教学内容及方法的设计与实施,是改进会计教学质量与效果的关键。

"会计综合实训"是高等职业教育会计专业的一门综合性实践课程,开设在会计专业理论课程和专项技能训练之后,主要是为顶岗实习和走向会计工作岗位打基础。本书分为会计手工实训和电算化实训两部分内容,旨在让学生综合运用所学会计专业知识和理论,分析处理模拟企业所发生的各项经济业务,完成会计核算和管理的工作过程。

本书具有以下特点。

(1) 综合性强。本书涵盖"会计基础""财务会计""会计电算化"和"成本会计"等课程的核心内容;涉及"经济法""税法""审计学"等课程的部分内容;囊括了企业日常会计事项的综合处理实践。

(2) 实用性强。本书通过对所模拟中小型制造企业原型单位的会计事项进行改制、提炼、精简,所设计的业务代表性强,便于学者在实训中检验自己的会计专业水平,从而查漏补缺。该书既可作为在校生会计综合实训教材,也可作为企业财务会计岗前培训及社会上广大财务会计爱好者的自学教材。

(3) 创新性强。在本书编写过程中,编者走访了大量中小型企业,工商、税务及金融保险等部门,实现了业务事项典型性、原始票据真实性及法规制度先进性,模拟实训无缝对接社会实践。在体例设计上,从宏观来看,首先介绍了模拟企业内部机构设置及外部关系单位,便于学者宏观把握该企业全局,拟定相关会计制度与核算方法,通过手工及财务软件两种核算方法实现对该企业经济事项的会计处理;从微观来看,本书对每一经济事项所涉及的原始凭证进行了指导性分析,既方便教师备课,又便于学生全面领会并掌握每一项经济业务的含义及会计处理注意事项,实训效果事半功倍。本书创新性地设计了对学生实训成果的多元化评价机制,既包括对学生个人会计实践能力的鉴定,又包括对学生团队合作、会计职业道德意识的评价,体现了"教书育人"的主旨。

(4) 项目任务性强。本书主要内容包括:认知会计工作环境、建账及初始数据处理、日常经济业务处理、成本计算与核算、期末处理与会计报表编制等,学习时间可安排64学时左右。本书会计工作特征体现明显,经济事项设计代表性强,任务要求明确,操作指导过程详细,学习评价合理。

本书由王巧云和王艳青担任主编,王巧云负责全书的编纂、修改和定稿。初稿编写分工如下:模块1和模块2由王巧云执笔;模块3的四个学习情境分别由张永欣、白玉翠、吴建、王静维执笔;模块4的四个学习情境分别由王艳青、贾杏玲、施海丽、魏玮玲执笔;模块5的两个学习情境分别由王华、温月振执笔。中喜会计师事务所有限公司石家庄分公司总经理石长海注册会计师对本书内容进行了审定。

中喜会计师事务所有限公司石家庄分公司、石家庄市国税局、石家庄学院、丽水职业技术学院、清华大学出版社对本书的编写与出版给予了大力支持,在此一并表示感谢!

尽管本书在特色建设方面做出了很多努力,但由于编者水平所限,难免有疏漏之处,恳请广大读者批评、指正;由于版面所限,有些图片如印章尺寸可能出现失真,敬请包涵。

本书实训资料中所有的内容,包括单位名称、地址、开户行、账号、电话、人名均为虚构,如有雷同纯属巧合;本书仅用于会计实训,不得用于任何违法活动。

特别说明

本书讲授的为2017年1月份发生的经济业务(1月份启用财务软件工作量最小),所处的经济环境设计为2016年7月份,此时已在全国范围内启用"营改增",货物运输专用发票已采用增值税专用发票。

编 者

2016年7月

目 录
CONTENTS

实训目的、条件、规划及评价 ··· 1

模块1 认知会计工作环境 ··· 6

  学习情境1.1　了解企业概况 ··· 6
    1.1.1　企业基本情况 ·· 6
    1.1.2　企业组织架构及职员分布 ··· 6
    1.1.3　企业生产组织与产品生产流程 ·· 7
    1.1.4　企业客户与供应商信息 ··· 7
  学习情境1.2　熟悉会计岗位及核算流程 ··· 8
    1.2.1　会计岗位及岗位职责 ·· 8
    1.2.2　会计工作流程 ·· 9
    1.2.3　会计核算流程 ··· 10
  学习情境1.3　了解内部财务制度 ··· 10
    1.3.1　会计工作组织 ··· 10
    1.3.2　会计核算制度 ··· 11
  学习情境1.4　了解企业主要业务流程 ·· 14

模块2　建账及初始数据处理 ·· 17

  学习情境2.1　建立手工账簿 ··· 17
    【工作任务】 ··· 24
    【操作指导】 ··· 25
  学习情境2.2　建立电子账 ·· 26
    【工作任务】 ··· 26
    【操作指导】 ··· 26

模块3　日常经济业务处理 ··· 36

  学习情境3.1　缴纳税款、日常费用核算 ······································· 36
    【工作任务】 ··· 37
    【操作指导】 ··· 37
  学习情境3.2　存货购销业务及其收发核算 ··································· 44
    【工作任务】 ··· 45

|　　【操作指导】………………………………………………………………………………… 46

　　学习情境3.3　长期资产购销和存货收发核算 ………………………………………… 55

　　　　【工作任务】………………………………………………………………………………… 55

　　　　【操作指导】………………………………………………………………………………… 55

　　学习情境3.4　发放福利、捐赠核算 …………………………………………………… 60

　　　　【工作任务】………………………………………………………………………………… 60

　　　　【操作指导】………………………………………………………………………………… 60

模块4　成本计算与核算 …………………………………………………………………… 62

　　学习情境4.1　计提借款利息、无形资产摊销核算 …………………………………… 62

　　　　【工作任务】………………………………………………………………………………… 62

　　　　【操作指导】………………………………………………………………………………… 62

　　学习情境4.2　职工薪酬核算 …………………………………………………………… 64

　　　　【工作任务】………………………………………………………………………………… 64

　　　　【操作指导】………………………………………………………………………………… 65

　　学习情境4.3　分配辅助生产费用及制造费用核算 …………………………………… 67

　　　　【工作任务】………………………………………………………………………………… 68

　　　　【操作指导】………………………………………………………………………………… 68

　　学习情境4.4　计算与结转完工产品成本和已售商品成本核算 ……………………… 74

　　　　【工作任务】………………………………………………………………………………… 74

　　　　【操作指导】………………………………………………………………………………… 75

模块5　期末处理与会计报表编制 ………………………………………………………… 80

　　学习情境5.1　期末处理 …………………………………………………………………… 80

　　　　【工作任务】………………………………………………………………………………… 80

　　　　【操作指导】………………………………………………………………………………… 80

　　学习情境5.2　会计报表编制 …………………………………………………………… 84

　　　　【工作任务】………………………………………………………………………………… 84

　　　　【操作指导】………………………………………………………………………………… 85

附录1　收、付款单据 ……………………………………………………………………… 89

附录2　出、入库单据 ……………………………………………………………………… 112

附录3　购、销业务发票 …………………………………………………………………… 126

附录4　成本费用单据 ……………………………………………………………………… 159

参考文献 …………………………………………………………………………………… 184

实训目的、条件、规划及评价

会计综合实训是高等职业教育会计专业的一门综合性实践课程，本课程以培养会计职业能力和职业操守为宗旨，综合运用会计专项技能和电子信息技术，在企业经营环境下，按照会计岗位合理分工，根据会计准则和企业财务制度对日常经济事项进行会计处理。

一、实训目的

（一）会计综合实训及其必要性

所谓会计综合实训，是通过重塑一个企业产品的生产经营过程，并依据其自身的生产规律，外在市场的法律、经济、文化等经营环境，全面设计该公司各类经济业务及相关的财务核算制度，由学生独立或分组按岗位在专业教师指导下进行仿真模拟操作，以锻炼学生的会计实操能力。

会计学是一门集多学科理论与千变万化的实务操作于一体的传统而又常新的一门学科。会计语言晦涩，会计理论枯燥，会计工作烦琐，会计政策、制度日新月异，这些都成为会计人学习道路上的重重障碍。为激发学生学习会计的兴趣，提高其运用所学会计知识分析解决实际问题的能力，培养学生良好的职业道德及职业敏感性，会计实战培训尤为必要，但会计职业牵涉面广、技术性强、保密性高，再加上财务部门来往人员多，会计工作阶段性、时间性强，受财务部门工作环境限制及学校实习经费不足等因素影响，不适宜安排学生现场实地培训，依靠校内实训资源开展会计综合模拟培训则成为无奈之举。

但另一方面，我们不难发现，会计模拟业务设计及会计核算组织程序的可塑性强，灵活性高，通过举一反三，学生可以"窥一斑见全豹"，模拟业务实训可以起到事半功倍的作用，实训的成本低廉。随着多媒体教学手段的广泛应用，会计工作视频的制作及相关影像作品的引入，随着高性能微型电子计算机、网络设施、各类财务软件的日益普及，随着开放性办学主导下越来越多会计精英亲临会计实训课堂，会计综合实训的效果已非常接近现实，甚至可以实现校外实习难以达到的目的。

（二）会计综合实训的目的

1. 提高学生的职业能力

（1）学会根据企业具体情况设置科学合理的企业会计核算制度。

（2）学会根据企业的具体情况设置会计科目体系，能够用手工和计算机两种方式为企业建账。

（3）学会筹资、存货供产销和财务成果形成与分配的核算方法，能够用手工和计算机两种方式为企业处理日常相关业务。

(4) 学会期末对账、结账的操作方法。

(5) 能用手工和计算机两种方式编制会计报表,并结合表中数字进行简要的财务分析。

(6) 能用手工和计算机两种方式编制各种费用、成本计算表及纳税申报表。

(7) 学会会计档案的装订与归档保管。

2. 培养学生的职业敏感性

所谓职业敏感性,就是一个人对他所从事的行业随时可能发生的事件所具备的敏锐的洞察力和灵敏的反应处置能力。不同的职业有不同的职业敏感,如教师对铃声、军人对枪声、护士对针头、篮球运动员对篮球、会计对数字等,都应有强烈的职业敏感性。一个职业敏感度比较高的人,既容易接受与其职业有关的新事物,也比较容易发现存在的问题,而且对发现的问题一般不会熟视无睹,而是会积极地解决问题;他们对新的知识以及对"问题"的敏感性往往会超越自己所从事的职业,养成凡事要问"为什么"的习惯,对未知的新鲜事物会有进一步去了解的强烈兴趣。职业敏感度高的人往往执行力都比较强,专业水准也都比较高。

会计综合实训不同于实务工作,节奏可根据需要自行掌握。正是这份从容可以引导学生脱离埋头记账、算账、报账等忙于信息数据处理的枯燥乏趣,转而让其关注数据,并学会透过数据判断业务的真实性、正确性以及合理性、合法性,诊断企业肌体健康程度及生命力,开启学生智慧之门,为企业防病治病,进而提高其职业热情及职业道德水准。

3. 提高学生的职业操守

(1) 从日常遵守实训制度做起,在实训中恪守会计法规、会计职业准则及财务制度进行账务处理,做一个学法、知法、守法、执法的企业"好管家"。

(2) 会计操作规范,账证清晰、美观,数据准确,养成工作认真、严谨的好习惯。

(3) 注重团队分工与合作,养成良好的沟通及协调能力。

(4) 财务分析有理有据,重点突出,养成良好的口才表达及写作能力。

二、实训条件

(一) 实训设施

为保证高效、优质地完成预定的会计综合实训教学任务,必须建立一套科学的管理体制,以实现各种实训资源,包括人、财、物等的优化配置。

实训设施包括实训软件和硬件两部分,缺一不可。

实训软件主要是指实训指导教师队伍的配备及相关实训管理制度的建立与健全。

实训硬件是指实训场所的选择、实训仪器设备的配置等。

1. 实训场地的布置

可模拟会计实际工作场景,在实训室内悬挂所模拟企业生产工艺流程图、会计岗位职责及工作制度、会计核算程序图、成本核算程序图等,按照会计岗位内部控制原则,按"一人一岗"或"一人多岗""多人一岗"等对学生合理分工,分别模拟出纳、会计、会计主管等岗位工作。有条件的还可以在场地周边设置税务局、工商局、银行、人力资源和社会保障局等外围机构。

2. 实训设备的配置

多媒体教学设备。其主要包括多媒体投影演示系统、展示板及无线麦克扩音系统等。

办公桌椅及相关耗材。桌椅要按组摆放，布局与实际企业会计部门基本相似；耗材主要包括计算器、算盘、印台盒、笔筒、海绵缸、印章、记账笔、直尺、胶水、剪刀、大头针、曲别针、铁夹、文件夹、资料夹、订书机、点钞机、岗位工牌等。

计算机及财务软件。计算机要按组分岗位配备，安装用友 U8 V10.1 版财务软件。

打印机、装订机。用来打印输出及装订整理会计凭证和账簿。

文件柜。用来存放保管会计档案。

（二）实训资料

1. 教材

会计综合实训涉及"会计基础学""财务会计""成本会计""税法""经济法""会计电算化""财务管理"等课程的基本理论和基本方法，完成该实训需重温上述专业课程的核心内容与方法。

2. 实训用材

现金日记账、银行存款日记账及总分类账各 1 本账。

三栏式明细分类账（甲式）1.5 本或 100 张（200 页）。

多栏式明细分类账 20 张（19 页）。

数量金额式明细分类账 25 张（50 页）。

"应交税费——应交增值税"明细账 5 张（4 页）。

通用记账凭证（双金额栏）160 张左右。

凭证封皮 2 套。

科目汇总表 6 张。

口取纸 60 贴左右。

三、实训规划

会计综合实训（手工）分以下三个阶段进行。

1. 实训准备阶段

实训准备包括知识准备、实训场地准备、实训设施设备准备、实训耗材准备及实训分组等。实训中可由 4 名学生组成实训小组，分别扮演会计主管、出纳员、总账会计、核算会计，且手工操作和电算化并行。

2. 实训阶段

（1）根据模拟企业的基本情况设计会计核算制度。

（2）建账。

（3）过账。

(4) 制单、记账。

(5) 对账、结账。

(6) 编制会计报表。

(7) 整理、装订、归档会计档案资料。

3. 实训总结报告阶段

就会计综合实训中所取得的实训经验、实训中存在的不足、实训心得体会及意见与建议进行总结,形成实训报告。

会计综合实训计划学时为64学时,各阶段的时间安排及实训进度规划如表1所示。

表 1　　　　　　　　　会计综合实训各阶段规划

项　目	学时数	累计学时
实训准备	2	2
根据模拟公司情况设计核算制度	2	4
建账	4	8
过账	8	16
1～20日业务处理	16	32
21～31日业务处理	22	54
编制会计报表	6	60
整理装订凭证和账簿	4	64

电算化实训可以安排20课时左右。

四、实训评价

1. 会计综合实训操作规范

(1) 实训用记账凭证、账簿、科目汇总表、会计报表格式统一。

(2) 凭证项目填写齐全、正确,除按规定必须用红色墨水笔外,其余均使用蓝黑色墨水笔,不得使用圆珠笔或铅笔。

(3) 根据审核无误的记账凭证或原始凭证登记账簿,一旦出现错账,只能用红字更正法、补充登记法和划线登记法更正,不得随意刮擦挖补。

(4) 证、账整洁、清晰、规范。

(5) 按实训规划进度完成各阶段任务。

2. 会计综合实训考核

本课程的考核采用百分制,包括过程考核及结果考核两部分。其中过程考核占60%,由小组评定成绩;结果考核占40%,由教师评定成绩。

(1) 过程考核。主要针对学生日常实训中表现出来的会计职业修养及会计专业技能操作水准进行评价与考核,具体包括对实训纪律遵守、团队分工协作能力、经济业务处理能力、创新性、实训进度完成情况等多方面进行考量,如表2所示。

表 2　　　　　　　　　　会计综合实训过程评价表

年级：　　　　　班级：　　　　　学号：　　　　　姓名：

考核项目		权重	好(1.0)	较好(0.8)	一般(0.6)	差(0.2)	小组评价
会计职业修养	纪律遵守	10					
	团队合作	10					
	实训进度	10					
小　计		30					
会计专业技能	会计核算能力	60					
	创新性	10					
小　计		70					
总　计		100					

注：会计核算能力是指会计凭证填制与审核、登记账簿及编制会计报表三方面能力。

（2）结果考核。实训结果考核主要包括分组提交的小组总结汇报及个人实训报告两部分内容，如表 3 所示。

表 3　　　　　　　　　　会计综合实训结果评价表

年级：　　　　　班级：　　　　　学号：　　　　　姓名：

考核项目	权重	好(1.0)	较好(0.8)	一般(0.6)	差(0.2)	教师评价
总结汇报	50					
实训报告	50					
合　计	100					

总结汇报要求学生分别汇报各实训小组实训计划制订情况、实施过程、控制与调整、计划的完成情况，所取得的经验与教训等。首先形成文字资料，最后用PPT汇报交流。

个人实训报告要求每个学生独立完成，包括实训目的、实训内容、实训方法与步骤、实训心得体会、实训不足、实训建议，纸质报告不少于500字。

模块1　认知会计工作环境

学习情境 1.1　了解企业概况

1.1.1　企业基本情况

石门市威力泵业有限责任公司(简称威力泵业)是一家污水泵的生产制造企业,主要产品有污水泵 1.5kW 和污水泵 4.0kW。公司位于石门市开发区 36 号,电话:0311-85327456,统一社会信用代码:91130102663689860A,法人代表:张天刚。

开户行:工商银行石门市裕华支行,账号:0759231477000123456;开户行:建设银行石门市开发区支行,账号:075612300678905762。注册资本:200 万元,记账本位币:人民币,增值税一般纳税人。

1.1.2　企业组织架构及职员分布

企业组织架构如图 1-1 所示,公司各部门岗位主要正式在职人员信息如表 1-1 所示。

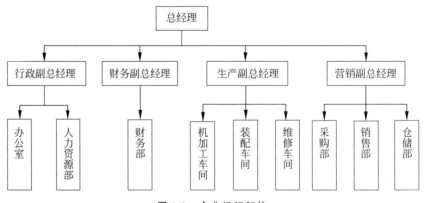

图 1-1　企业组织架构

表 1-1　　　　　　　公司各部门岗位主要正式在职人员信息

部门	岗位	姓名	性别	职级	是否业务员
办公室	总经理	张天刚	男	管5	否
	行政副总经理	高阳	男	管4	否
	营销副总经理	刘超	女	管4	是
	生产副总经理	李龙	男	管4	否
	办公室主任	王勇	男	管3	是
	秘书	孙杰	女	管2	否
财务部	财务副总经理兼会计主管	张华	女	管4	否
	总账会计	宋芳	女	管3	否
	核算会计	李丽	女	管2	否
	出纳	王悦	女	管2	是
人力资源部	人事管理	杨莉	女	管3	否
机加工车间	车间主任	高月	男	管3	否
	工人	张波	男	技3	否
	工人	王英	男	技3	否
	工人	刘林	男	技2	否
装配车间	车间主任	孙瑶	女	管3	否
	工人	王平	男	技3	否
	工人	李贝	男	技2	否
维修车间	车间主任	赵阳	男	管2	否
	工人	刘佳	男	技2	否
	工人	胡帅	男	技2	否
销售部	销售经理	齐伟	男	管3	是
采购部	采购经理	周雨	男	管2	是
仓储部	仓库主管	李霞	女	管2	否

1.1.3　企业生产组织与产品生产流程

1. 生产组织

机加工车间：加工污水泵毛坯，材料一次性投入。机加工件不入库，直接移至装配车间进行组装。

装配车间：对机加工车间移送来的机加工件进行组装，只发生人工费用和设备折旧费。组装完成后进行测试，测试合格办理入库手续。成品用于对外销售。

维修车间提供设备的日常维护与维修服务。

2. 产品生产流程

投料→机加工→装配→测试→入库。

1.1.4　企业客户与供应商信息

供应商信息如表 1-2 所示，客户信息如表 1-3 所示。

表 1-2　　　　　　　　　　　　供应商信息

供应商名称	开户银行及账号	联系电话	统一社会信用代码
石门市机械厂	建设银行石门市东风路支行 6608558395631585635	0311-83989569	91130106568908827M
杭州市天马轴承厂	工商银行杭州市天马支行 9558802555673349076	0571-35458949	91330183000151792Q
中山市永强机械厂	农业银行中山市开发区支行 4226756006763402073	0760-23305555	91442000577931212N
广州市机器制造有限公司	工商银行广州市新华支行 9558802555673349276	020-35458949	91440100577931234H

表 1-3　　　　　　　　　　　　客户信息

客户名称	开户银行及账号	联系电话	统一社会信用代码
郑州市农机有限公司	中国银行郑州市中华路支行 9689375656758768456	0371-87045395	91410104798904849Y
石门市昇灵药业有限公司	工商银行石门市西美支行 955886543559784529	0311-59456030	91130182205614578X
莱芜市污水处理厂	建设银行莱芜市裕华支行 6608558395631585689	0634-58390058	91371202751768212A
定州市污水处理厂	工商银行定州市中华支行 9708558395631585678	0312-59456032	91130198738635607C
济南市农贸有限公司	农业银行济南市新华支行 6708558395631585688	0634-59390058	91370102751768313K

学习情境 1.2　熟悉会计岗位及核算流程

1.2.1　会计岗位及岗位职责

该企业财务部设置 4 个工作岗位，分别是会计主管、出纳、总账会计和核算会计。

1. 会计主管岗位

会计主管承担会计机构负责人职责，制定实施公司财务管理制度，负责财务工作全面组织和管理。具体包括以下工作职责。

(1) 负责组织初始建账工作(电算化方式下承担系统管理员和账套主管职责)。

(2) 负责各种原始凭证的审核。

(3) 负责审核记账凭证。

(4) 负责对账、结账、年度结转。

(5) 负责预算的编制、控制。

(6) 负责纳税筹划与财务分析。

(7) 负责保管一枚法人章。

2. 出纳岗位

(1) 负责保管现钞、有价证券、重要空白凭证,并保管一枚财务专用章。

(2) 办理货币资金的收付,办理银行结算。

(3) 负责登记现金日记账和银行日记账。

(4) 负责缴纳"五险一金"。

(5) 协助会计主管进行初始建账。

3. 总账会计岗位

(1) 负责编制记账凭证,并将记账凭证录入计算机系统。

(2) 负责各种税费申报和"五险一金"的缴纳。

(3) 负责期末税费计提或摊销。

(4) 负责电子账的记账工作。

(5) 负责结转期间损益。

(6) 负责编制会计报表。

(7) 负责编制各种纳税申报表。

4. 核算会计岗位

(1) 负责开具销售发票。

(2) 负责固定资产业务处理。

(3) 负责职工薪酬及成本核算。

(4) 负责往来账的管理。

(5) 负责编制记账凭证,并将记账凭证录入计算机系统。

(6) 负责登记手工账簿。

(7) 负责凭证整理装订、归档。

1.2.2 会计工作流程

该企业本期开始使用财务软件(用友 U8 V10.1),处于手工账与电算账并行阶段。

1. 手工方式

手工方式下工作流程如图 1-2 所示。

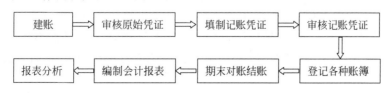

图 1-2 手工方式下工作流程

2. 电算化方式

电算化方式下工作流程如图 1-3 所示。

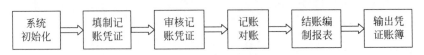

图 1-3　电算化方式下工作流程

1.2.3　会计核算流程

本公司采用科目汇总表会计核算流程，其核算程序如图 1-4 所示。

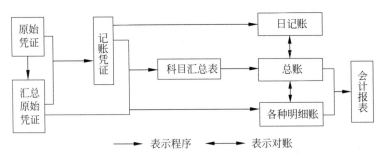

图 1-4　科目汇总表核算程序

学习情境 1.3　了解内部财务制度

1.3.1　会计工作组织

1. 手工方式下

采用"科目汇总表"账务处理程序，月度分两次编制科目汇总表并登记总账，明细账根据记账凭证和原始凭证逐笔登记。存货单价、开票单价及分配率均保留 4 位小数，其他计算结果保留 2 位小数。

2. 电算化方式下

本账套选择 2007 年新会计制度科目；客户与供应商均不分类；按照会计科目表信息预设科目体系，编码方案为 4222，设置必要的辅助账和项目目录；规划编码方案，存货分类编码级次为 222，部门编码方案为 12，结算方式编码方案为 12；制单"序时控制"，凭证编号方式采用"系统编号"方式，会计账簿打印采用"按年排页"。其他采用系统默认。

公司选取通用"记账凭证"类别。审核后的记账凭证月末集中记账，月末统一输出打印装订成册。

1.3.2 会计核算制度

1. 用款审批和银行结算

（1）费用报销流程及权限如下。

① 费用经办人必须提供合法、有效票据，按规范要求粘贴、填写后，上报本部门负责人签字，上报财务副总经理审批后签字。

② 经财务副总经理审批后，上报总经理签字审批。

③ 办理给付后，核算会计按所属核算单位及费用项目填录相关会计凭证。

④ 业务需要借款的一律由公司总经理签字。报销时应先扣减借款，多退少补。出纳应定期清理借款事宜。

审批程序：经办人→部门负责人→财务副总经理→总经理→出纳支付

以上审批程序是指非常规费用而言，对于常规费用（如材料购进、设备维修、社会保险、住房公积金、税金及附加和银行结算费用等）只需部门经理审批即可。

（2）往来账款管理及权限。发生的退款、退费事项应由业务管理部门核对真实性，经部门负责人签字后，提交财务部出纳复核签字，提交财务副总经理审批。年末分析应收款项余额按 2% 计提坏账准备金。

（3）印章管理及权限。财务章由出纳管理，法人章由会计主管保管，财务章、法人章的使用是指现金支票和转账支票的开具、收取支票的背书、领购支票的签章。所有开户行预留印鉴如图 1-5 所示。

（4）三方协议。石门市威力泵业有限责任公司与银行、税务机关已签订网上代缴三方协议，由银行根据税务申报系统数据扣缴税款及社会保险。

图 1-5　预留印鉴

（5）银行结算。该公司银行支票未进行加密，签发支票时不需填写支票密码。结算方式见表 1-4。

表 1-4　结算方式

编码	名称	备注	编码	名称	备注
1	现金		3	银行汇票	
2	支票		4	银行承兑汇票	
201	现金支票	票据管理	5	网银转账	
202	转账支票	票据管理	6	委托收款	

2. 存货核算

（1）公司存货包括原材料、周转材料、产成品三大类。

（2）各类存货均按实际成本核算。发出存货成本的计价按"月末一次加权平均法"。

（3）原材料入库单及时处理并核算成本；所有产成品入库单和出库单都在月末汇总后再核算入库、出库成本。

(4) 周转材料发出采用"一次摊销法"记入成本费用科目。
(5) 存货明细见表1-5、表1-6。

表 1-5　　　　　　　　　单位分组及单位名称

单位组编码	计量单位组名称	计量单位组类别	单位编码	单位名称
1	自然计量单位组	无换算	01	包
			02	个
			03	台
			04	桶
			05	打
			06	套

表 1-6　　　　　　　　　存货档案

存货编号	存货名称及规格	计量单位	计量单位组	税率	计价方式	所属分类
001	线包 1.5kW	包	无换算	13%	全月平均法	原材料
002	转子 1.5kW	个	无换算	13%	全月平均法	原材料
003	电机盖 1.5kW	个	无换算	13%	全月平均法	原材料
004	电机壳 1.5kW	个	无换算	13%	全月平均法	原材料
005	中承座 1.5kW	个	无换算	13%	全月平均法	原材料
006	泵体 1.5kW	个	无换算	13%	全月平均法	原材料
007	叶轮 1.5kW	个	无换算	13%	全月平均法	原材料
008	泵盖 1.5kW	个	无换算	13%	全月平均法	原材料
009	滤底座 1.5kW	个	无换算	13%	全月平均法	原材料
010	轴承 HRB6205	个	无换算	13%	全月平均法	原材料
011	轴承 HRB6304	个	无换算	13%	全月平均法	原材料
012	机封 $\phi 20$	个	无换算	13%	全月平均法	原材料
013	电缆 3*1+1	个	无换算	13%	全月平均法	原材料
014	线包 4.0kW	包	无换算	13%	全月平均法	原材料
015	转子 4.0kW	个	无换算	13%	全月平均法	原材料
016	电机盖 4.0kW	个	无换算	13%	全月平均法	原材料
017	电机壳 4.0kW	个	无换算	13%	全月平均法	原材料
018	中承座 4.0kW	个	无换算	13%	全月平均法	原材料
019	泵体 4.0kW	个	无换算	13%	全月平均法	原材料
020	叶轮 4.0kW	个	无换算	13%	全月平均法	原材料
021	泵盖 4.0kW	个	无换算	13%	全月平均法	原材料
022	滤底座 4.0kW	个	无换算	13%	全月平均法	原材料
023	轴承 HRB6306	个	无换算	13%	全月平均法	原材料
024	轴承 HRB6408	个	无换算	13%	全月平均法	原材料
025	机封 $\phi 30$	个	无换算	13%	全月平均法	原材料
026	电缆 3*2.5+1	个	无换算	13%	全月平均法	原材料
027	螺栓	个	无换算	13%	全月平均法	原材料
028	螺母	个	无换算	13%	全月平均法	原材料
029	煤油	桶	无换算	13%	全月平均法	原材料
030	机油	桶	无换算	13%	全月平均法	原材料

续表

存货编号	存货名称及规格	计量单位	计量单位组	税率	计价方式	所属分类
031	黄油	桶	无换算	13%	全月平均法	原材料
032	工具	件	无换算	13%	全月平均法	周转材料——低值易耗品
033	手套	打	无换算	13%	全月平均法	周转材料——低值易耗品
034	污水泵 1.5kW	台	无换算	13%	全月平均法	产成品
035	污水泵 4.0kW	台	无换算	13%	全月平均法	产成品

3．成本与费用

（1）公司采用"品种法"核算产品成本。

（2）公司的产品成本项目分为直接材料、直接人工、制造费用。

（3）"制造费用"明细账户按车间设置，但维修车间不开设"制造费用"账户。

（4）维修车间所发生的费用不进行明细核算，期末转入期间损益。

（5）原材料入库成本按实际成本核算，采购运费直接计入材料成本，不能直接计入的按所购材料的重量比例或金额比例分配计入。针对月末需要暂估的材料按期初单位成本进行估算入账。

（6）公司所用水电全部外购，水电费用在本月末按照车间、部门统计的消耗量分配水电费。

（7）生产人员的职工薪酬，按照产品生产工时比例分配计入各产品。

（8）制造费用按照产品生产工时比例分配计入各产品。

（9）原材料于生产开始时一次性投入，生产费用在完工产品与在产品之间的分配采用"平行结转分步法"，按"约当产量比例法"分配计入。平行结转分步法程序如图1-6所示。

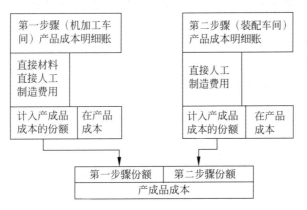

图1-6 平行结转分步法程序

（10）管理部门发生的各项费用直接记入"管理费用"明细科目，未设明细科目的记入"管理费用——其他"明细科目。

4．固定资产与无形资产

（1）固定资产分为房屋及建筑物、生产设备、办公设备三大类。

（2）月初计提固定资产折旧，折旧方法采用"年限平均法"。

（3）固定资产维修费用，在发生时直接计入当期损益。

(4) 月末摊销无形资产的价值,摊销方法采用"年限平均法"。

5. 职工薪酬

(1) 生产人员采用"计件工资"制度,管理人员采用"月工资"制度。

(2) 公司按照社会保险政策规定,按月计提并缴纳"五险一金",缴费基数按职级核定。

(3) 公司按照相关制度规定,按应付工资的2%计提工会经费、2.5%计提教育经费,职工福利费在发生时直接列支,待年度所得税汇算清缴时再按14%进行调整。

(4) 职工薪酬采用下发薪制度,月末计算分配本月的工资,本月工资下月中旬发放。

6. 税金及社会保险

(1) 公司按财经法规定的日期申报缴纳各种税款及五险一金。

(2) 所得税采用"应付税款法"核算,税率25%。

7. 其他

(1) 附录原始凭证排列说明如下。

附录1　收、付款单据,表达方法如单据1-1、单据1-2、单据1-3。

附录2　出、入库单据,表达方法如单据2-1、单据2-2、单据2-3。

附录3　购、销业务发票,表达方法如单据3-1、单据3-2、单据3-3。

附录4　成本费用单据,表达方法如单据4-1、单据4-2、单据4-3。

(2) 增值税抵扣联收集整理。增值税专用发票抵扣联整理装订,汇总填写封皮内容,用于增值税申报。

学习情境1.4　了解企业主要业务流程

1. 采购业务流程

采购业务流程如图1-7所示。

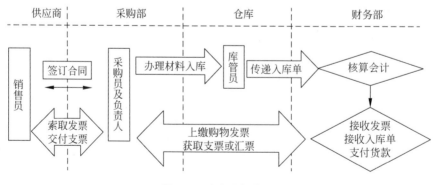

图1-7　采购业务流程

(1) 采购人员根据生产需要,向供应商询价并签订采购合同。

(2) 采购到货后采购员办理材料入库手续,填制材料入库单一式三联:第一联存根联,第二联财务记账,第三联仓库留存。

（3）库管员验收货物。
（4）采购员向供应商索取购物发票，并将发票和入库单第二联一并交给财务，申请付款。

2．销售业务流程

销售业务流程如图1-8所示。

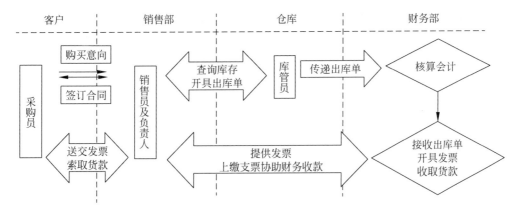

图1-8 销售业务流程

（1）销售员根据客户购买意向，向仓库询问产品库存量。
（2）销售员及负责人与客户签订销售合同。
（3）销售人员填制销售出库单一式四联：第一联存根联，第二联财务记账，第三联仓库留存，第四联出门证。
（4）销售员和库管员办理出库。
（5）销售员将出库单交给财务，请求开具发票。
（6）销售员将发票交与客户并索要货款。

3．生产领料业务流程

生产领料业务流程如图1-9所示。

图1-9 生产领料业务流程

（1）生产车间领料员根据需要填写领料单一式三联：第一联存根联，第二联财务记账，第三联仓库留存。
（2）生产领料人员和库管员办理材料出库。
（3）库管员定期将第二联集中汇总后交给财务，核算会计据此核算存货成本。

4．完工入库业务流程

完工入库业务流程如图1-10所示。

（1）装配车间填写产成品入库单一式三联：第一联存根联，第二联财务记账，第三联仓库留存。

图 1-10 完工入库业务流程

(2) 装配车间的生产人员和库管员办理完工产品入库。

(3) 库管员将第二联定期汇总后交给财务,核算会计据此核算存货成本。

模块2 建账及初始数据处理

学习情境2.1 建立手工账簿

公司管理层决定,从2020年1月1日开始启用财务软件进行核算与管理,购买了用友U8 V10.1管理系统,网络版的总账模块和UFO报表模块。为保证会计信息的准确性,前三个月采用手工和计算机并行的方式,并按要求对2019年12月31日数据进行了整理,如表2-1~表2-14所示。

表2-1　　　　　　　　　　2019年12月31日总账期初余额表

科目编码	账户名称	方向	年末余额	年初数（略）	计量单位	电算化辅助核算	电算账页格式
1001	库存现金	借	10 070.89			日记账	金额式
1002	银行存款	借	1 572 059.25			日记账、银行账	金额式
100201	工商银行存款	借	1 378 088.09				金额式
100202	建设银行存款	借	193 971.16				金额式
1012	其他货币资金	借	50 000.00				金额式
101201	银行汇票存款	借	50 000.00				金额式
101202	存出投资款	借					金额式
1101	交易性金融资产	借					金额式
1121	应收票据	借				客户往来,不受控于应收系统	金额式
1122	应收账款※	借	137 600.00			客户往来,不受控于应收系统	金额式
	郑州市农机有限公司	借	58 500.00				
	莱芜市污水处理厂	借	79 100.00				
1123	预付账款	借	20 000.00			供应商往来,不受控于应付系统	金额式
	中山市永强机械厂	借	20 000.00				
1221	其他应收款※	借	3 800.00			个人往来	金额式
	刘超	借	3 800.00				
1231	坏账准备	贷	800.00				金额式
1402	在途物资	借			个	数量核算、项目核算	数量金额式

续表

科目编码	账户名称	方向	年末余额	年初数（略）	计量单位	电算化辅助核算	电算账页格式
1403	原材料※	借	142 048.80		个	数量核算、项目核算	数量金额式
1405	库存商品※	借	290 700.00		台	数量核算、项目核算	数量金额式
1406	发出商品	借					数量金额式
1411	周转材料※	借	6 050.00		桶	数量核算、项目核算	数量金额式
141101	低值易耗品	借	6 050.00			数量核算、项目核算	数量金额式
141102	包装物	借				数量核算、项目核算	数量金额式
1601	固定资产※	借	1 048 950.00				金额式
160101	房屋及建筑物	借	520 000.00				金额式
160102	生产设备	借	300 000.00				金额式
160103	办公设备	借	228 950.00				金额式
1602	累计折旧	贷	196 264.99				金额式
1606	固定资产清理	借					金额式
1701	无形资产	借	60 000.00				金额式
170101	非专利技术	借	60 000.00				金额式
1702	累计摊销	贷	1 000.00				金额式
1901	待处理财产损益	借					金额式
2001	短期借款	贷	400 000.00				金额式
200101	工行借款	贷	400 000.00				金额式
2201	应付票据	贷				供应商往来,不受控于应付系统	金额式
2202	应付账款※	贷	276 850.00			供应商往来,不受控于应付系统	金额式
220201	应付供应商	贷	276 850.00			供应商往来,不受控于应付系统	金额式
	石门市机械厂	贷	117 000.00				
	杭州市天马轴承厂	贷	58 500.00				
	中山市永强机械厂	贷	101 350.00				
220202	暂估供应商	贷				供应商往来,不受控于应付系统	金额式
2203	预收账款	贷				客户往来,不受控于应收系统	金额式
2211	应付职工薪酬	贷	182 237.00				金额式
221101	工资、津贴、奖金	贷	144 037.00				金额式
221102	职工福利费	贷	30 950.00				金额式
221103	工会、教育经费	贷					金额式
22110301	工会经费	贷	7 250.00				金额式

续表

科目编码	账户名称	方向	年末余额	年初数（略）	计量单位	电算化辅助核算	电算账页格式
22110302	教育经费	贷					金额式
221104	社会保险	贷					金额式
22110401	医疗保险	贷					金额式
22110402	生育保险	贷					金额式
22110403	工伤保险	贷					金额式
221105	住房公积金	贷					金额式
221108	设定提存计划	贷					金额式
22110801	养老保险	贷					金额式
22110802	失业保险	贷					金额式
221110	辞退福利	贷					金额式
2221	应交税费	贷	9 184.00				金额式
222101	应交增值税	贷					金额式
22210101	进项税额	借					金额式
22210103	已交税金	借					金额式
22210104	转出未交增值税	借					金额式
22210105	销项税额	贷					金额式
22210107	进项税转出	贷					金额式
222102	未交增值税	贷	8 200.00				金额式
222103	待抵扣进项税额	借					金额式
222113	应交城建税	贷	574.00				金额式
222114	应交教育费附加	贷	246.00				金额式
222115	应交地方教育费附加	贷	164.00				金额式
222119	应交企业所得税	贷					金额式
222120	应交个人所得税	贷					金额式
2231	应付利息	贷					金额式
2241	其他应付款	贷	2 100.00				金额式
224101	养老保险	贷					金额式
224102	失业保险	贷					金额式
224103	医疗保险费	贷					金额式
224104	住房公积金	贷					金额式
224105	押金	贷	2 100.00				金额式
224109	其他	贷					金额式
2501	长期借款	贷					金额式
4001	实收资本	贷	2 000 000.00				金额式
4002	资本公积	贷	200 000.00				金额式
4101	盈余公积	贷					金额式
410101	法定盈余	贷					金额式
410102	任意盈余	贷					金额式
4103	本年利润	贷					金额式
4104	利润分配	贷	90 008.69				金额式
410401	提取法定盈余	贷					金额式

续表

科目编码	账户名称	方向	年末余额	年初数（略）	计量单位	电算化辅助核算	电算账页格式
410402	提取任意盈余	贷					金额式
410403	未分配利润	贷	90 008.69				金额式
5001	生产成本※	借	17 165.74				金额式
500101	基本生产成本	借	17 165.74				金额式
50010101	机加工车间※	借	14 400.74			项目核算	金额式
5001010101	直接材料	借	10 000.00			项目核算	金额式
5001010102	直接人工	借	2 400.74			项目核算	金额式
5001010103	制造费用	借	2 000.00			项目核算	金额式
50010102	装配车间※	借	2 765.00			项目核算	金额式
5001010201	直接材料	借				项目核算	金额式
5001010202	直接人工	借	1 600.00			项目核算	金额式
5001010203	制造费用	借	1 165.00			项目核算	金额式
500102	辅助生产成本	借					金额式
5101	制造费用	借					金额式
510101	机加工车间	借					金额式
51010101	职工薪酬	借					金额式
51010102	折旧费	借					金额式
51010103	水电费	借					金额式
51010104	其他	借					金额式
510102	装配车间	借					金额式
51010201	职工薪酬	借					金额式
51010202	折旧费	借					金额式
51010203	水电费	借					金额式
51010204	其他	借					金额式
5301	研发支出	借					金额式
530101	费用化支出	借					金额式
530102	资本化支出	借					金额式
6001	主营业务收入*	贷			台	项目核算	数量金额式
6051	其他业务收入	贷					金额式
6101	公允价值变动损益	贷					金额式
6111	投资收益	贷					金额式
6301	营业外收入	贷					金额式
6401	主营业务成本*	借			台	项目核算	数量金额式
6402	其他业务成本	借					金额式
6403	税金及附加	借					金额式
6601	销售费用	借					金额式
660101	职工薪酬	借					金额式
660102	广告费	借					金额式
660103	差旅费	借					金额式
660104	业务费	借					金额式
660105	其他	借					金额式

续表

科目编码	账户名称	方向	年末余额	年初数（略）	计量单位	电算化辅助核算	电算账页格式
6602	管理费用	借					金额式
660201	职工薪酬	借					金额式
660202	折旧费	借					金额式
660203	招待费	借					金额式
660204	差旅费	借					金额式
660205	维修费	借					金额式
660206	水电费	借					金额式
660208	其他	借					金额式
6603	财务费用	借					金额式
660301	利息支出	借					金额式
660302	汇兑损益	借					金额式
660303	手续费	借					金额式
660304	现金折扣	借					金额式
6701	资产减值损失	借					金额式
6711	营业外支出	借					金额式
671101	捐赠	借					金额式
671102	其他	借					金额式
6801	所得税费用	借					金额式

注：1. 科目编码为"空"的科目，在"电算化"方式下，不需进行"会计科目"明细设置。

2. 标有"※"的科目，后附明细表。

3. "主营业务收入＊"与"主营业务成本＊"科目在手工方式下，不需要使用数量金额栏账页。

表 2-2　　　　　　　　　　**2019 年 12 月 31 日存货明细**

存货编号	存货名称及规格	单位	单价/元	数量	金额/元	所属分类
001	线包 1.5kW	包	90.000 0	120	10 800.00	原材料
002	转子 1.5kW	个	27.800 0	120	3 336.00	原材料
003	电机盖 1.5kW	个	33.000 0	120	3 960.00	原材料
004	电机壳 1.5kW	个	72.800 0	120	8 736.00	原材料
005	中承座 1.5kW	个	23.500 0	120	2 820.00	原材料
006	泵体 1.5kW	个	50.500 0	120	6 060.00	原材料
007	叶轮 1.5kW	个	10.000 0	120	1 200.00	原材料
008	泵盖 1.5kW	个	22.500 0	120	2 700.00	原材料
009	滤底座 1.5kW	个	22.000 0	120	2 640.00	原材料
010	轴承 HRB6205	个	7.700 0	120	924.00	原材料
011	轴承 HRB6304	个	9.500 0	120	1 140.00	原材料
012	机封 φ20	个	16.000 0	120	1 920.00	原材料
013	电缆 3＊1＋1	个	3.600 0	120	432.00	原材料
014	线包 4.0kW	包	217.000 0	120	26 040.00	原材料
015	转子 4.0kW	个	80.120 0	120	9 614.40	原材料
016	电机盖 4.0kW	个	33.660 0	120	4 039.20	原材料
017	电机壳 4.0kW	个	102.000 0	120	12 240.00	原材料

续表

存货编号	存货名称及规格	单位	单价/元	数量	金额/元	所属分类
018	中承座 4.0kW	个	36.100 0	120	4 332.00	原材料
019	泵体 4.0kW	个	97.350 0	120	11 682.00	原材料
020	叶轮 4.0kW	个	11.550 0	120	1 386.00	原材料
021	泵盖 4.0kW	个	39.600 0	120	4 752.00	原材料
022	滤底座 4.0kW	个	31.360 0	120	3 763.20	原材料
023	轴承 HRB6306	个	9.500 0	120	1 140.00	原材料
024	轴承 HRB6408	个	26.400 0	120	3 168.00	原材料
025	机封 $\phi30$	个	32.000 0	120	3 840.00	原材料
026	电缆 3*2.5+1	个	8.200 0	120	984.00	原材料
027	螺栓	个	3.000 0	1 000	3 000.00	原材料
028	螺母	个	2.500 0	1 000	2 500.00	原材料
029	煤油	桶	35.000 0	20	700.00	原材料
030	机油	桶	60.000 0	20	1 200.00	原材料
031	黄油	桶	50.000 0	20	1 000.00	原材料
小计					142 048.80	
032	工具	件	425.000 0	10	4 250.00	周转材料——低值易耗
033	手套	打	180.000 0	10	1 800.00	周转材料——低值易耗
小计					6 050.00	
034	污水泵 1.5kW	台	900.000 0	123	110 700.00	产成品
035	污水泵 4.0kW	台	1 500.000 0	120	180 000.00	产成品
小计					290 700.00	

表 2-3   2019 年 12 月 31 日应收账款明细

日 期	凭证号	客 户	摘 要	方向	期初余额/元
2019-12-25	30	郑州市农机有限公司	销售货物	借	58 500.00
2019-12-28	31	莱芜市污水处理厂	销售货物	借	79 100.00
合 计					137 600.00

表 2-4   2019 年 12 月 31 日其他应收款明细

日 期	凭证号	部 门	个 人	摘 要	方向	期初余额/元
2019-12-02	12	办公室	刘超	出差借款	借	3 800.00
合 计						3 800.00

表 2-5   2019 年 12 月 31 日应付账款——应付供应商明细

日 期	凭证号	供应商	摘 要	方向	期初余额/元
2019-12-02	10	石门市机械厂	采购材料	贷	117 000.00
2019-11-23	15	杭州市天马轴承厂	采购材料	贷	58 500.00
2019-12-22	16	中山市永强机械厂	采购材料	贷	101 350.00
合 计					276 850.00

表 2-6　　　　　　　　　机加工车间 2019 年 12 月 31 日项目核算明细

项目名称及科目代码	污水泵 1.5kW/元	污水泵 4.0kW/元	合计/元
直接材料(5001010101)	6 000.00	4 000.00	10 000.00
直接人工(5001010102)	1 200.74	1 200.00	2 400.74
制造费用(5001010103)	1 000.00	1 000.00	2 000.00
合　计	8 200.74	6 200.00	14 400.74

表 2-7　　　　　　　　　装配车间 2019 年 12 月 31 日项目核算明细

项目名称及科目代码	污水泵 1.5kW/元	污水泵 4.0kW/元	合计/元
直接材料(5001010201)			
直接人工(5001010202)	800.00	800.00	1 600.00
制造费用(5001010203)	500.00	665.00	1 165.00
合　计	1 300.00	1 465.00	2 765.00

表 2-8　　　　　　　　　2019 年 12 月 31 日固定资产明细

固定资产类别	使用部门	名　称	单位	数量	单价/元	原值/元	月折旧率	累计已提折旧/元
房屋	机加工车间厂房	1 号厂房	栋	1	100 000.00	100 000.00	0.42%	24 043.00
	装配车间厂房	2 号厂房	栋	1	100 000.00	100 000.00	0.42%	24 043.00
	维修车间厂房	3 号厂房	栋	1	100 000.00	100 000.00	0.42%	24 043.00
	办公及仓库用房	行政楼	栋	1	220 000.00	220 000.00	0.42%	48 078.50
	小　计					520 000.00		120 207.50
生产设备	机加工车间	机加工车床	台	5	10 000.00	50 000.00	1.05%	11 559.28
		数控机床 1	台	1	200 000.00	200 000.00	2.00%	0
	装配车间	装配车床	台	4	10 000.00	40 000.00	1.05%	9 247.42
	维修车间	维修机器	台	2	5 000.00	10 000.00	1.05%	2 311.86
	小　计					300 000.00		23 118.56
办公设备	公司总部	计算机 1	台	6	6 000.00	36 000.00	2.25%	8 322.68
		打印机	台	3	2 100.00	6 300.00	2.25%	1 456.47
		复印机	台	2	1 325.00	2 650.00	2.25%	621.65
		轿车	辆	2	80 000.00	160 000.00	1.67%	36 989.69
	机加工车间	计算机 2	台	1	6 000.00	6 000.00	2.25%	1 387.11
	装配车间厂房	计算机 3	台	1	6 000.00	6 000.00	2.25%	1 387.11
	维修车间厂房	计算机 4	台	1	6 000.00	6 000.00	2.25%	1 387.11
	仓库	计算机 5	台	1	6 000.00	6 000.00	2.25%	1 387.11
	小　计					228 950.00		52 938.93

表 2-9　　　　　　　　　银行汇票存款备查资料

序号	票据名称	签发日期	到期日	票据金额/元	实际结算金额	收　款　人
1	银行汇票	2019-12-30	2020-01-30	50 000.00		广州市机器制造有限公司

表 2-10　　　　　　　　　　　无形资产备查资料

序号	无形资产名称	取得时间	原值/元	摊销方法	使用年限	月摊销/元
1	非专利技术1	2019-12-01	30 000.00	平均年限法	5	500.00
2	非专利技术2	2019-12-01	30 000.00	平均年限法	5	500.00
合计						1 000.00

表 2-11　　　　　　　　　　　短期借款备查资料

序号	借款日期	贷款金融机构	本金/元	期限	还款日期	年利率	付息方式	合同号
1	2019-10-01	工商银行	400 000.00	6个月	2020-03-31	5.6%	利随本清	

表 2-12　　　　　　　　　　　新增固定资产备查资料

序号	使用部门	固定资产名称	启用时间	数量	原值/元	残值率	使用年限	月折旧率	经办人
1	机加工	数控机床1	2019-12	1	200 000.00		10	2.00%	李丽

表 2-13　　　　　　　　　　　2020年1月计划排产表

产品名称：污水泵1.5kW　　　　　　　　　　　　　　　　　　　　　　单位：台

项　　目	机加工车间	装配车间	产成品
月初在产品数量	15	6	
本月投产或上车间转入数量	55	60	
本月完工或转入下车间数量	60	59	59

表 2-14　　　　　　　　　　　2020年1月计划排产表

产品名称：污水泵4.0kW　　　　　　　　　　　　　　　　　　　　　　单位：台

项　　目	机加工车间	装配车间	产成品
月初在产品数量	8	6	
本月投产或上车间转入数量	52	56	
本月完工或转入下车间数量	56	54	54

【工作任务】

（1）建立总分类账。

（2）建立现金日记账、银行存款日记账。

（3）建立三栏式明细账、数量金额式明细账、多栏式明细账。

（4）建立各种备查簿。

【操作指导】

1. 选用账簿或账页格式

除总账、库存现金和银行存款科目使用专用账簿外，其他明细账应按表2-15～表2-18的提示选用账簿和备查簿。

表2-15　　　　　　　　　　账簿或账页格式

账页格式	核算科目
三栏式明细分类账	其他货币资金、应收票据、应收账款、预付账款、长期股权投资、无形资产、生产成本——辅助生产成本、待处理财产损溢、短期借款、应付票据、应付账款、其他应付款、应交税费（不包含应交增值税）、应付职工薪酬、主营业务收入、主营业务成本、实收资本、资本公积、盈余公积、利润分配、本年利润等
数量金额式明细分类账	在途物资、原材料、周转材料、库存商品、发出商品
多栏式明细分类账	一般格式：生产成本——基本生产成本、制造费用、管理费用、销售费用、财务费用 专用格式：应交税费——应交增值税

注："生产成本——基本生产成本"按步骤（车间）、按产品、按成本项目设置明细分类账。

表2-16　　　　　　　　　现金支票或转账支票使用登记簿

购买日期	支票号码	收款人	款项用途	结算金额	签发日期	经办人签名	备注

表2-17　　　　　　　　　　在途物资登记簿

序号	材料名称	购买数量	供货单位	采购日期	验收日期	验收数量	经办人

表2-18　　　　　　　　　应收（付）票据备查簿

序号	票据名称	出票日	到期日	面值	票面利率	受票单位	交易合同号	承兑日	经办人

2. 开设账户并粘贴口取纸

按照以上选用的账簿或账页格式开设总分类账户和明细分类账户，多栏式明细账户请参照科目余额表信息进行设置。

3. 登记期初数据

将期初总账数据和明细账数据登入总分类账户和明细分类账户，并注意核对一致。

4. 试算平衡

期初数据过账完毕后进行试算平衡,以保证数据的准确性和完整性。

学习情境2.2 建立电子账

该公司采用品种法,分步骤平行结转产品成本,所以在核算上需要分产品、按步骤(车间)对各成本项目进行归集,同时财务还要求实现销售成本的自动结转,并自动归集成本数据。为了实现上述专项要求,需要启用系统中某些功能。具体需要完成以下任务。

【工作任务】

(1)启动用友 U8 V10.1 的系统管理,建立会计账套,并进行财务分工、操作授权。
(2)启动企业应用平台,启用总账系统,建立企业基础档案信息。
(3)设置总账系统业务参数、设置会计科目及辅助核算项、设置凭证类别、设置结算方式。
(4)设置项目目录,维护项目信息。
(5)录入期初余额并进行试算平衡。

【操作指导】

1. 建立企业核算账套并进行权限分工

(1)建立账套文件。以系统管理员 Admin 身份按照上述企业信息及内部会计核算要求建立账套文件,启用"总账"模块,日期为 2020 年 1 月 1 日。结账日期按自然月设定。
(2)设置操作员及权限如下。
① 系统管理员增加财务岗位的操作员,参见表1-1。
② 系统管理员为操作员授权。

会计主管(张华),授予"账套主管"权限,负责各项初始设置工作,负责总账系统的月末结账、报表管理及财务分析工作,拥有"总账"系统所有的权限。

总账会计(宋芳),授予"财务会计"模块的"总账"系统中除"凭证—出纳签字""凭证—审核"和"出纳"以外所有的权限。同时授予公用目录设置权限。

核算会计(李丽),授予"财务会计"模块的"总账"系统中除"凭证—出纳签字""凭证—审核"和"出纳"以外所有的权限。同时授予公用目录设置权限。

出纳(王悦),授予"财务会计"模块的"总账"系统中"出纳"权限,拥有"凭证—出纳签字""总账—出纳"的全部权限。

2. 基础设置

(1)设置部门档案,参见表1-1。

(2) 设置人员档案,参见表 1-1。

(3) 设置供应商信息,参见表 1-2。

(4) 设置客户信息,参见表 1-3。

(5) 设置计量单位,参见表 1-5,设置效果如图 2-1 所示。

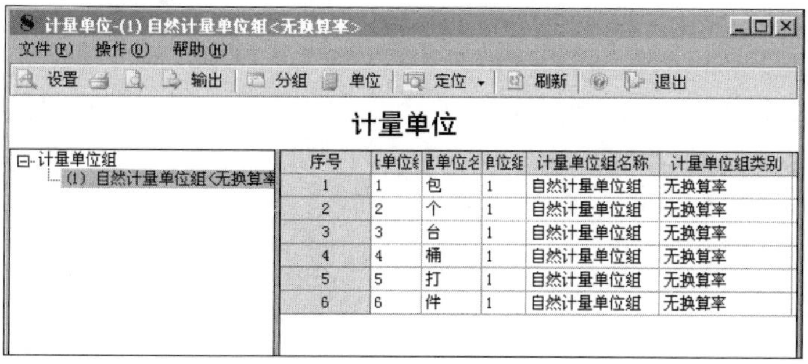

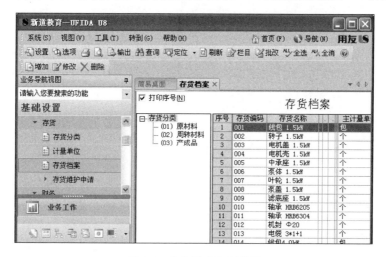

图 2-1　计量单位设置效果

(6) 建立存货分类及存货档案,存货信息参见表 1-6,设置效果如图 2-2 所示。

图 2-2　存货档案设置效果

(7) 设置结算方式,参见表 1-4。

(8) 设置凭证类别,参见 1.3.1 小节。

(9) 设置会计科目及辅助核算项,参照表 2-1 的信息进行设置,部分设置效果如图 2-3~图 2-5 所示。

① 往来科目设置效果如图 2-3 所示。

② 存货科目设置效果如图 2-4 所示。

③ 生产成本科目设置效果如图 2-5 所示。

(10) 设置项目目录并维护目录信息。设置科目属性时请注意辅助核算项和账页格式的要求。

① 生产成本核算项目。公司财务希望能够按不同产品,分别归集每个加工步骤(车间)的各个成本项目的成本数据,故需要按表 2-19 和表 2-20 的信息进行设置。

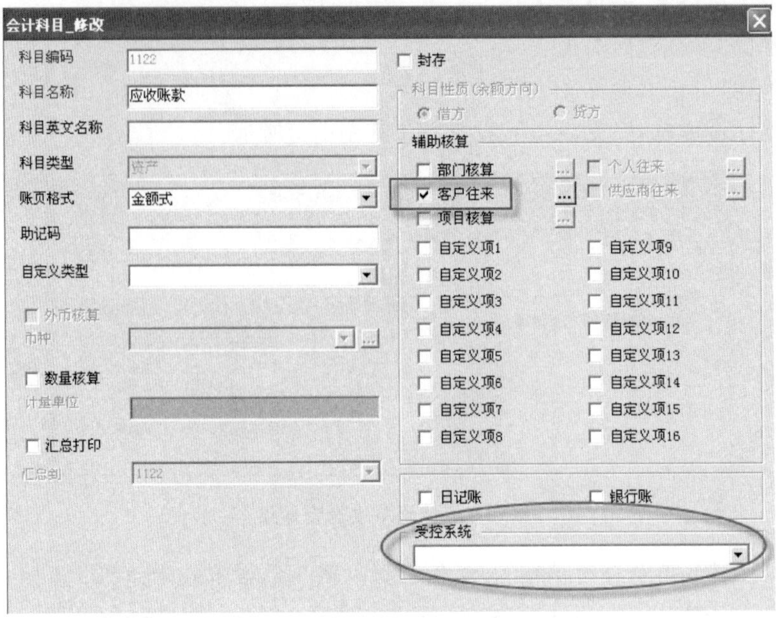

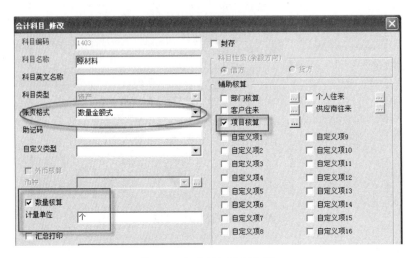

图 2-3 往来科目设置效果

图 2-4 存货科目设置效果

图 2-5 生产成本科目设置效果

表 2-19　机加工车间项目信息

项目设置事项	设置内容
项目大类	机加工生产成本
核算科目	基本生产成本——机加工车间(50010101) 　　直接材料(5001010101) 　　直接人工(5001010102) 　　制造费用(5001010103)
项目分类	1. 自制品
项目目录	01　污水泵 1.5kW　　不结算　　所属分类　1 02　污水泵 4.0kW　　不结算　　所属分类　1

表 2-20　装配车间项目信息

项目设置事项	设置内容
项目大类	装配生产成本
核算科目	基本生产成本——装配车间(50010102) 　　直接材料(5001010201) 　　直接人工(5001010202) 　　制造费用(5001010203)
项目分类	1. 自制品
项目目录	01　污水泵 1.5kW　　不结算　　所属分类　1 02　污水泵 4.0kW　　不结算　　所属分类　1

操作步骤

第一步：定义项目大类

(1) 在"企业应用平台"主界面中选择"基础设置"页签,单击"基础档案"/"财务"/"项目目录",打开"项目档案"对话框。

(2) 单击"增加"按钮,打开"项目大类定义_增加"对话框,输入新项目大类名称"机加工生产成本",选择"普通项目",如图2-6 所示。

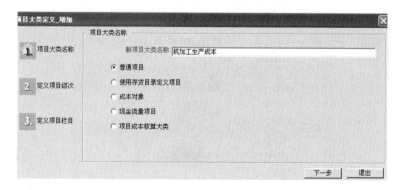

图 2-6　机加工生产成本项目大类设置效果

(3) 单击"下一步"按钮,定义项目级次,采用系统默认值。

(4) 单击"完成"按钮,完成大类设置。

第二步：指定核算科目

在"项目档案"界面，选择项目大类为"机加工生产成本"，单击"核算科目"页签，将本项目核算需用的科目从"待选科目"列表框选入"已选科目"列表框，如图 2-7 所示。

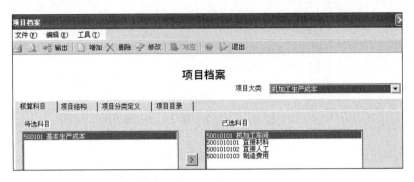

图 2-7　机加工生产成本核算科目设置效果

第三步：项目分类定义

在"项目档案"界面，单击"项目分类定义"页签，输入分类编码"1"，分类名称"自制品"，单击"确定"按钮，保存设置，如图 2-8 所示。

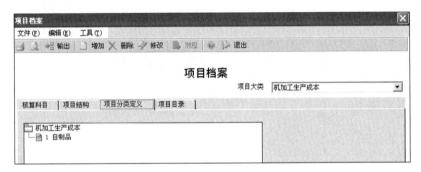

图 2-8　机加工生产成本项目分类定义设置效果

第四步：维护项目目录

(1) 在"项目档案"界面，选择"项目目录"页签，单击"维护"按钮。打开"项目目录维护"对话框。单击"增加"按钮，输入 1 号项目"污水泵 1.5kW"目录信息。

(2) 单击"增加"按钮增加一行，录入 2 号项目"污水泵 4.0kW"信息，结果如图 2-9 所示。

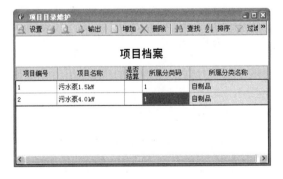

图 2-9　机加工生产成本项目目录设置效果

同理增设装配车间生产成本项目,如图 2-10～图 2-12 所示。

图 2-10 装配生产成本核算科目设置效果

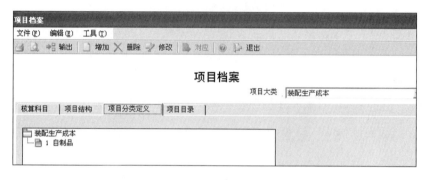

图 2-11 装配生产成本项目分类定义设置效果

图 2-12 装配生产成本项目目录设置效果

② 存货核算项目。公司财务部希望用软件自动结转已售商品的成本,在核算存货金额的同时也反映存货的数量,故需要进行以下相关设置。

操作步骤

第一步:定义项目大类

(1) 在"项目档案"界面中单击"增加"按钮,打开"项目大类定义_增加"对话框,选中"使用存货目录定义项目"复选框,"新项目大类名称"的文本栏自动带出"存货核算",如图 2-13 所示。

(2) 单击"完成"按钮,完成大类设置。

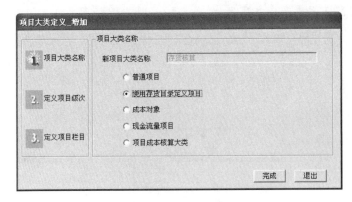

图 2-13　存货核算项目大类设置效果

第二步：指定核算科目

在"项目档案"界面中选择项目大类为"存货核算"，单击"核算科目"页签，将本项目核算需用的科目从"待选科目"列表框选入"已选科目"列表框，单击"确定"按钮保存设置，如图 2-14 所示。

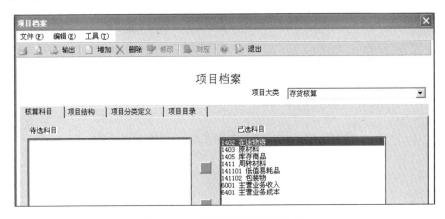

图 2-14　存货核算科目设置效果

第三步：项目分类定义

这里的"项目分类定义"是自动带入的，如图 2-15 所示。此处使用了存货分类基础设置，参见"存货分类"设置。

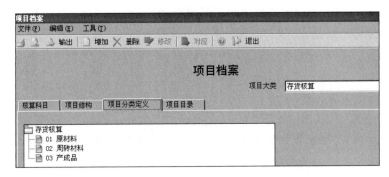

图 2-15　存货核算项目分类定义设置效果

第四步：维护项目目录

这里的"项目目录"也是自动带入的,如图 2-16 所示。此处使用了存货档案基础设置,参见"存货档案"设置。

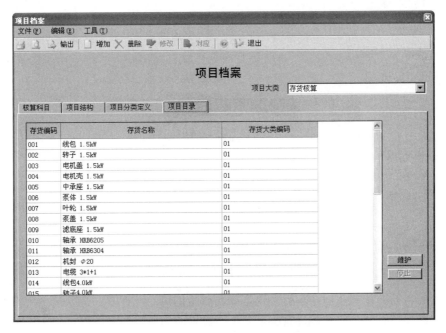

图 2-16　存货核算项目目录设置效果

3. 总账系统初始化

(1) 设置总账系统参数。设置总账参数时,需要对作废、修改他人凭证进行控制,进行支票控制,由系统自动编号,按年排序账页,数量小数位设置为 2,单价小数位设置为 4,本位币精度设置为 2。设置结果如图 2-17 所示。

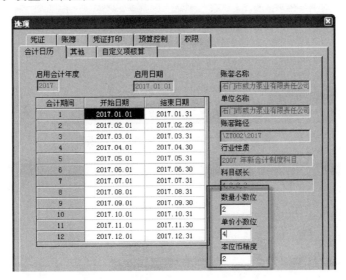

图 2-17　数量、单价小数位设置效果

(2)录入期初余额并进行试算平衡。

① 根据表 2-1～表 2-7 所示信息,录入应收账款明细科目期初数据。

操作步骤

将光标定在"应收账款"科目的"期初余额"栏,双击打开"辅助期初余额"窗口,单击工具栏中的"往来明细"按钮,分别录入各个客户的期初余额,如图 2-18 所示。完成后单击工具栏中的"汇总"按钮,系统自动汇总"应收账款"合计数。

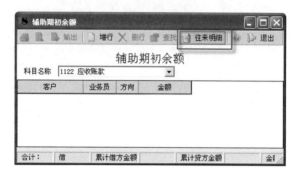

图 2-18　应收账款明细科目录入窗口

② 存货科目的期初余额分项目录入金额和数量即可。

③ 根据表 2-1～表 2-7 所示信息,录入生产成本明细科目期初数据。

操作步骤

将光标定在"生产成本——基本生产成本"(机加工车间)科目的"期初余额"栏,双击打开"辅助期初余额"窗口,单击工具栏中的"增行"按钮,录入有关信息,"生产成本——基本生产成本"(机加工车间)录入结果如图 2-19～图 2-21 所示。

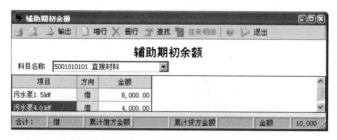

图 2-19　机加工车间直接材料成本项目

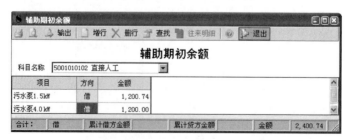

图 2-20　机加工车间直接人工成本项目

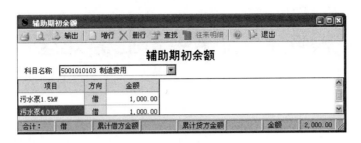

图 2-21 机加工车间制造费用成本项目

"生产成本——基本生产成本"(装配车间)录入方法同上。

④ 根据表 2-1~表 2-7 所示信息,录入各科目期初数据,最后进行试算平衡,如图 2-22 所示。

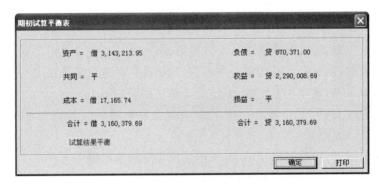

图 2-22 试算平衡信息

模块3 日常经济业务处理

学习情境 3.1 缴纳税款、日常费用核算

业务1：1月4日，签发现金支票从工行提取现金，原始凭证参见附录单据1-1。

业务2：1月5日，计提本月固定资产折旧，原始凭证参见附录单据4-1。

业务3：1月5日，魏刚出差借款，原始凭证参见附录单据1-2。

业务4：1月5日，报销刘超差旅费，原始凭证参见附录单据1-3；单据3-1～单据3-3；单据4-2。

业务5：1月5日，申报缴纳增值税，原始凭证参见附录单据1-4。

业务6：1月5日，申报缴纳城建税、教育费附加、地方教育费附加，原始凭证参见附录单据1-5。

业务7：1月6日，签发现金支票为公司管理用车购买汽油，原始凭证参见附录单据1-6；单据3-4、单据3-5；单据4-3。

业务8：1月6日，用银行存款支付水费，原始凭证参见附录单据1-7；单据3-6、单据3-7。

业务9：1月6日，用银行存款支付电费，原始凭证参见附录单据1-8；单据3-8、单据3-9。

业务10：1月7日，用银行存款支付餐费，原始凭证参见附录单据1-9；单据3-10；单据4-4。

业务11：1月7日，用银行存款支付广告费，原始凭证参见附录单据1-10；单据3-11、单据3-12；单据4-5。

业务12：1月8日，到工行申请办理银行汇票，持票前往杭州购买原材料，原始凭证参见附录单据1-11～单据1-14。

业务13：1月8日，收到莱芜市污水处理厂汇来款项，原始凭证参见附录单据1-15。

业务14：1月9日，签发转账支票支付石门市机械厂的采购款，原始凭证参见附录单据1-16。

业务15：1月9日，用现金购买办公用品打印纸，原始凭证参见附录单据1-17；单据3-13、单据3-14；单据4-6。

业务16：1月9日，签发转账支票发放上月工资，原始凭证参见附录单据1-18。

【工作任务】

(1) 针对业务1~业务16,采用手工方式进行会计处理。

① 会计主管审核原始凭证。

② 总账会计填制记账凭证,交由主管审核后登记除日记账之外的其他账簿。

③ 出纳登记库存现金日记账和银行存款日记账。

(2) 针对业务1~业务16,采用电算化方式进行会计处理。

① 总账会计填制记账凭证。

② 会计主管审核记账凭证。

【操作指导】

业务1指导

1. 手工账指导

(1) 原始凭证匹配思路。该笔业务只有支票存根一张原始凭证,不需要进行原始凭证匹配。

(2) 经济业务分析。该笔业务是出纳人员从银行提取备用金,导致库存现金增加,银行存款减少。

(3) 原始凭证审核。

① 审核现金支票存根上的收款人、用途、签发日期等是否齐全。

② 审核支票使用是否符合财务制度规定。

(4) 备查事项记录。

① 支票登记簿是用来登记所有支票的使用、作废信息的,出纳用它来记录反映全部支票的信息。

② 需要在支票登记簿上记载:支票号码、金额、用途、签发日期。在"支票使用登记簿"上记录如下信息。

票据的粘贴与整理

收款人:威力泵业

款项用途:备用

结算金额:10 000.00 元

支票号码:03456101

签发日期:2020.01.04

2. 电算账指导

(1) 总账会计在总账系统中直接填制记账凭证,录入辅助核算信息,补充登记支票登记簿以便日后核查。

(2) 会计主管审核记账凭证,也可以集中审核(下同)。

> **温馨提示**
>
> 凡是设有明细科目的账户(包括手工方式和电算化方式),在手工方式下填制记账凭证时切记明细到末级,因为电算化方式下的机制凭证在选用会计科目时要求明细到末级。

业务2指导

1. 手工账指导

(1) 原始凭证匹配思路。该笔业务只有折旧费用计算表一张原始凭证,不需要进行原始凭证匹配。

(2) 经济业务分析。计提折旧时需要考虑上月新增的固定资产,上月机加工车间新增数控机床原值200 000元、月折旧率2%,应从本月起开始计提折旧。

(3) 原始凭证审核。

① 审核上月新增固定资产是否开始计提折旧,审核上月减少固定资产是否停止计提折旧。

② 复核折旧金额是否正确。

2. 电算账指导

(1) 总账会计在总账系统中直接填制记账凭证,录入辅助核算信息。

(2) 会计主管审核记账凭证。

业务3指导

1. 手工账指导

(1) 原始凭证匹配思路。该笔业务只有一张借款单,不需要进行原始凭证匹配。

(2) 经济业务分析。职工出差借款应记入"其他应收款"科目,需要对"借款人"实施明细核算。

(3) 原始凭证审核。

① 审核是否符合用款审批制度,相关领导是否签字批准。

② 审核大小写金额是否一致。

2. 电算账指导

(1) 总账会计首先维护销售部职员信息,增加魏刚职员档案,注意勾选"业务员"选项,否则不能参照选入。

(2) 总账会计在总账系统中直接填制记账凭证,录入辅助核算信息。

(3) 会计主管审核记账凭证。

业务4指导

1. 手工账指导

(1) 原始凭证匹配思路。首先从费用单据入手,分析差旅费报销单上的信息。查看与之相匹配的原始单据,审核是否有预借款,如果有预借款就可能有退款或补款,然后再查找现金收据。

(2) 经济业务分析。财税〔2016〕36 号规定,住宿费增值税专用发票可以抵减当期销项税。

《财政部 税务总局 海关总署公告 2019 年第 39 号》第六项规定:"取得注明旅客身份信息的铁路车票的,为按照下列公式计算的进项税额:铁路旅客运输进项税额＝票面金额÷(1+9%)×9%。"

报销差旅费应先查看个人借款即"其他应收款"明细账信息,查询结果是刘超预借款 3 800 元,差旅费报销单上显示实际费用 4 812 元,故应补付现金 1 012 元。

(3) 原始凭证审核。

① 按照用款审批制度审核相关领导签字是否完整。

② 审核大小写金额是否一致。

③ 审核原始票据是否合规、合法。

④ 审核数据的钩稽关系是否正确。

2. 电算账指导

(1) 总账会计在总账系统中直接填制记账凭证,录入辅助核算信息。

(2) 会计主管审核记账凭证或集中处理。

业务 5 指导

1. 手工账指导

(1) 原始凭证匹配思路。威力泵业公司已经与银行、税务签订了三方协议,银行可以根据企业的纳税申报信息直接扣税,该业务只有交税付款凭证,不需要进行原始凭证匹配。

(2) 经济业务分析。根据三方协议约定,银行可以根据接收的企业纳税申报数据直接从客户账户中扣减税款,企业可以根据银行扣款凭证进行交税处理,分别冲减"应交税费"明细科目。

(3) 原始凭证审核。审核交税凭证税费金额是否正确,并且应与账表核对一致。

2. 电算账指导

(1) 总账会计在总账系统中直接填制记账凭证,录入辅助核算信息。

(2) 会计主管审核记账凭证或集中处理。

业务 6 指导

1. 手工账指导

同业务 5。

2. 电算账指导

同业务 5。

业务 7 指导

1. 手工账指导

(1) 原始凭证匹配思路。首先从付款凭证入手,依据付款单金额等信息去匹配发票和费用申请表。做到付款单、发票与费用申请表的对应一致。

(2) 经济业务分析。根据相关法规,企业购入汽油所支付的增值税可以抵减当期销项税,管理用车的汽油费用应该记入当期的"管理费用——其他"科目。

(3) 原始凭证审核。审核付款单金额、用途和收款方与发票、费用申请表是否一致。

(4) 备查事项记录。在"支票使用登记簿"上记录如下信息。

收款人:中石油开发区经销部

款项用途:购买汽油

结算金额:1 130.00 元

支票号码:03456102

签发日期:2020.01.06

2. 电算账指导

(1) 总账会计在总账系统中直接填制记账凭证,录入辅助核算信息。补充登记支票登记簿以便日后核查。

(2) 会计主管审核记账凭证或集中处理。

业务 8 指导

1. 手工账指导

(1) 原始凭证匹配思路。首先从付款凭证入手,依据金额和内容去匹配发票。做到付款单与发票的内容对应一致。

(2) 经济业务分析。

① 网上银行支付外购水费,取得了增值税专用发票,按规定其进项税额可以抵减当期销项税额。

② 因为水费需要到月末才能予以分配,因此需要暂记为"其他应付款——待摊水费"科目,待月末再统一进行分配。

(3) 原始凭证审核。

① 审核发票所载事项是否完整。

② 审核发票信息与付款单信息是否正确。

③ 审核票据应有的签章是否齐全。

2. 电算账指导

(1) 总账会计首先维护会计科目,增设"其他应付款——待摊水费"二级科目。

(2) 总账会计在总账系统中直接填制记账凭证,录入辅助核算信息。

(3) 会计主管审核记账凭证或集中处理。

业务 9 指导

1. 手工账指导

(1) 原始凭证匹配思路。首先从付款凭证入手,依据金额和内容去匹配发票。做到付款单与发票的内容对应一致。

(2) 经济业务分析。

① 网上银行支付外购电费,取得了增值税专用发票,其进项税额可以抵减当期销项税额。

② 因为电费需要到月末才能予以分配,因此需要暂记为"其他应付款——待摊电费"科目,待期末再统一进行分配。

(3) 原始凭证审核。

① 审核发票所载事项是否完整。

② 审核发票信息与付款单信息是否正确。

③ 审核票据应有的签章是否齐全。

2. 电算账指导

(1) 总账会计首先维护会计科目,增设"其他应付款——待摊电费"二级科目。

(2) 总账会计在总账系统中直接填制记账凭证,录入辅助核算信息。

(3) 会计主管审核记账凭证或集中处理。

业务 10 指导

1. 手工账指导

(1) 原始凭证匹配思路。威力泵业公司财务管理制度第一款第一条第四项规定:"审批程序:经办人→部门负责人→财务副总经理→总经理→出纳支付。此审批程序是指非常规费用而言,对于常规费用(如材料购进、设备维修、社会保险、住房公积金、税金及附加和银行结算费用等)只需部门经理审批即可。"

招待费用不属于常规费用列支范围,需要履行审批程序。该业务涉及餐费发票、付款单及费用申请单,财务人员应该按照这一思路去匹配原始凭证。

(2) 经济业务分析。财税〔2016〕36号,附件2第二条第五款:原增值税一般纳税人购进服务、无形资产或者不动产,下列项目的进项税额不得从销项税额中抵扣:用于简易计税方法计税项目、免征增值税项目、集体福利或者个人消费……纳税人的交际应酬消费属于个人消费。

网银支付的餐费应记入当期的"管理费用——招待费"明细科目,相应的增值税不能抵扣。

(3) 原始凭证审核。

① 审核发票所载事项是否正确。

② 审核发票信息与付款单信息是否正确。

③ 审核票据应有的签章是否齐全。

2. 电算账指导

(1) 总账会计在总账系统中直接填制记账凭证。

(2) 会计主管审核记账凭证或集中处理。

业务 11 指导

1. 手工账指导

(1) 原始凭证匹配思路。广告费不属于日常开支,需要履行费用审批程序。该业务涉及发票、付款单及费用申请单,财务人员应该按照这一思路去匹配原始凭证。

(2) 经济业务分析。网银支付广告费应记入当期的"销售费用——广告费"明细科目。按照现行制度规定其相应的增值税可以抵扣,记入"应交税费——应交增值税(进项税)"科目。

(3) 原始凭证审核。

① 审核发票所载事项是否完整。

② 审核发票信息与付款单信息是否正确。

③ 审核票据应有的签章是否齐全。

2. 电算账指导

(1) 总账会计在总账系统中直接填制记账凭证。

(2) 会计主管审核记账凭证或集中处理。

业务 12 指导

1. 手工账指导

(1) 原始凭证匹配思路。

① 申请银行汇票需要填写业务委托书并加盖银行预留印鉴,银行汇票共四联:第一联卡片联,银行留存;第二联汇票联,交申请人收执;第三联解讫通知,交申请人收执;第四联多余款项通知,暂留银行,在有多余款项时做进账通知联。

② 办理银行汇票需要缴纳手续费,该笔业务涉及的票据有业务委托书、手续费收费凭条、银行汇票一套两张,共四张原始凭证。

(2) 经济业务分析。

① 申请办理银行汇票业务,需要支付两类款项,即手续费和汇票款,为了将来方便与银行对账单逐笔勾对,应分别填写两笔银行存款数据,凭证填制效果见图 3-1。

② 手续费应记入当期的"财务费用"科目。

(3) 原始凭证审核。

① 审核银行汇票所载事项是否齐全,金额是否正确。

② 审核收款人信息是否正确。

③ 审核票据联次是否齐全。

(4) 备查事项记录。在"银行汇票备查簿"上记录相关信息,如汇票签发日期、收款人信息、金额、开户行及款项用途等。

2. 电算账指导

(1) 总账会计在总账系统中直接填制记账凭证,并同时录入辅助核算信息,凭证填制效果如图 3-1 所示。

(2) 会计主管审核记账凭证或集中处理。

业务 13 指导

1. 手工账指导

(1) 原始凭证匹配思路。该笔业务只有一张收账通知,不需要进行原始凭证匹配。

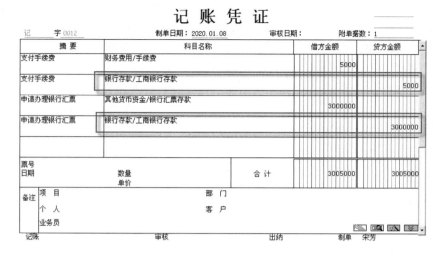

图 3-1 凭证填制效果

（2）经济业务分析。网银收到客户汇来的款项，首先应查明该单位是否以前有欠款，通过查询"应收账款"或"预收账款"科目明细，可以发现莱芜市污水处理厂前欠货款 79 100 元，因此，做冲减应收账款处理即可。

（3）原始凭证审核。

① 审核付款单位信息是否正确。

② 审核收账通知书上银行印鉴是否齐全。

2. 电算账指导

（1）总账会计在总账系统中直接填制记账凭证，并同时录入辅助核算信息。

（2）会计主管审核记账凭证或集中处理。

业务 14 指导

1. 手工账指导

（1）原始凭证匹配思路。该笔业务只有一张转账支票存根，不需要进行原始凭证匹配。

（2）经济业务分析。网银付款给供应商，原因有两个：一个是以前有欠款；另一个是预付账款。所以应先查询"应付账款"科目明细，如果没有前欠款便是预付账款。通过查询发现前欠石门市机械厂 117 000 元货款，因此，冲减应付账款即可。

（3）原始凭证审核。审核支票使用是否符合财务制度规定。

2. 电算账指导

（1）总账会计在总账系统中直接填制记账凭证，并录入支票辅助核算信息。

（2）会计主管审核记账凭证或集中处理。

业务 15 指导

1. 手工账指导

（1）原始凭证匹配思路。用库存现金购买办公用品涉及三张原始票据，即发票、付款单

（销售方开具的现金收据）和费用申请单。财务人员需要根据发票去匹配付款单(现金收据)。

（2）经济业务分析。购买办公用品时如果取得了增值税专用发票，那么不含税成本应记入当期的"管理费用——其他"明细科目，所列增值税记入"应交税费——应交增值税（进项税）"明细科目。

根据相关制度规定，购买办公用品所支付的增值税可以抵扣当期的销项税。

（3）原始凭证审核。

① 审核发票所载事项是否正确。

② 审核发票信息与付款单信息是否正确。

③ 审核票据应有的签章是否齐全。

2. 电算账指导

（1）总账会计在总账系统中直接填制记账凭证，并同时录入辅助核算信息。

（2）会计主管审核记账凭证或集中处理。

业务 16 指导

1. 手工账指导

（1）原始凭证匹配思路。威力泵业公司财务管理制度规定，职工薪酬采用下发薪办法，工资费用单在上月已入账。本月发放工资只有一张支票存根，所以不需要进行原始凭证匹配。

（2）经济业务分析。威力泵业公司实行下发薪制度，在支付工资时直接冲减"应付职工薪酬——工资、津贴"科目余额即可。

（3）原始凭证审核。审核支票使用是否符合财务制度规定。

（4）备查事项记录。在"支票使用登记簿"上记录如下信息。

收款人：威力泵业

款项用途：支付工资

结算金额：144 037.00 元

支票号码：05412301

签发日期：2020.01.09

2. 电算账指导

（1）总账会计在总账系统中直接填制记账凭证，录入辅助核算信息，补充登记支票登记簿以便日后核查。

（2）会计主管审核记账凭证或集中处理。

学习情境 3.2　存货购销业务及其收发核算

业务 17：1 月 9 日，向石门市韦尔化工有限公司采购煤油等原材料，收到货物及发票，签发支票付款。原始凭证参见附录单据 1-19；单据 2-1；单据 3-15、单据 3-16。

业务 18：1 月 9 日，向石门市异灵药业有限公司销售污水泵，原始凭证参见附录单据 1-20；单据 2-2；单据 3-17。

业务 19：1 月 10 日，申报缴纳五险一金：用工行存款缴纳社会保险，用建行存款缴纳公积金，原始凭证参见附录单据 1-21～单据 1-24；单据 3-18～单据 3-25；单据 4-12。

业务 20：1 月 12 日，向石门市商贸有限责任公司销售污水泵，原始凭证参见附录单据 1-25；单据 2-3；单据 3-26。

业务 21：1 月 12 日，仓库转来一批领料单，原始凭证参见附录单据 2-4～单据 2-15。

业务 22：1 月 12 日，仓库转来一批成品完工入库单，原始凭证参见附录单据 2-16～单据 2-18。

业务 23：1 月 14 日，持银行汇票向杭州市天马轴承厂购买轴承。原始凭证参见附录单据 1-26；单据 2-19；单据 3-27～单据 3-30。

业务 24：1 月 15 日，销售给山西长治市商贸有限公司两种型号污水泵各 40 台，款项已收。原始凭证参见附录单据 1-27；单据 2-20；单据 3-31。

业务 25：1 月 16 日，向中山市永强机械厂购原材料一批，原始凭证参见附录单据 1-28；单据 2-21；单据 3-32、单据 3-33。

业务 26：1 月 16 日，往大庆市商贸有限公司销售两种型号污水泵各 30 台，款项已收。原始凭证参见附录单据 1-29；单据 2-22；单据 3-34。

业务 27：1 月 17 日，向太原市电器有限公司采购材料，款项用网银支付。同时支付网银手续费、运输费。原始凭证参见附录单据 1-30、单据 1-31；单据 3-35～单据 3-38。

业务 28：1 月 18 日，向石门市兄弟纸业有限公司销售污水泵 1.5kW 和污水泵 4.0kW 各 2 台，原始凭证参见附录单据 1-32；单据 2-23；单据 3-39。

业务 29：1 月 19 日，销售给定州市污水处理厂两种型号污水泵各 5 台，原始凭证参见附录单据 1-33、单据 1-34；单据 2-24；单据 3-40～单据 3-42。

业务 30：1 月 20 日，仓库转来一批领料单，原始凭证参见附录单据 2-25～单据 2-33。

业务 31：1 月 20 日，仓库转来产品完工入库，原始凭证参见附录单据 2-34～单据 2-36。

业务 32：1 月 21 日，销售给郑州市农机有限公司两种型号污水泵各 20 台，收到银行承兑汇票，原始凭证参见附录单据 1-35、单据 1-36；单据 2-37；单据 3-43～单据 3-45。

业务 33：1 月 22 日，收到存款利息收入，原始凭证参见附录单据 1-37。

业务 34：1 月 23 日，从淄博任增磨具磨料有限公司购入材料，原始凭证参见附录单据 2-38。

业务 35：1 月 23 日，缴存现金。原始凭证参见附录单据 1-38。

【工作任务】

(1) 针对业务 17～业务 35，采用手工方式进行会计处理。
① 会计主管审核原始凭证。
② 总账会计填制记账凭证，交由主管审核后登记除日记账之外的其他账簿。
③ 出纳登记库存现金日记账和银行存款日记账。
(2) 针对业务 17～业务 35，采用电算化方式进行会计处理。
① 总账会计填制记账凭证。

② 会计主管审核记账凭证。

【操作指导】

业务 17 指导

1. 手工账指导

（1）原始凭证匹配思路。一项采购业务涉及三类票据：入库单、采购发票和付款单。在实际工作中通常是根据入库单去匹配发票和付款单，如果三张票据齐全则属于"票货同到且付款业务"；如果只有入库单和发票则属于"票货同到未付款业务"；如果只有发票和付款单则属于"在途业务"；如果只有入库单则暂不处理，等到月末仍然未取得购货发票时再暂估入账，也就是通常所说的"暂估业务"。

（2）经济业务分析。该笔业务三张票据齐全，有入库单、购物发票和网银付款单。属于"票货同到且付款"的采购业务，相关票据金额一致，做正常处理即可。

（3）原始凭证审核。

① 审核入库单核验签章是否齐全。

② 审核发票所载事项是否齐全、正确。

③ 审核付款单所载事项与发票信息是否一致。

④ 审核支票使用是否符合财务制度规定。

2. 电算账指导

（1）总账会计在总账系统中直接填制记账凭证，录入辅助核算信息。

单击工具栏中的"增加"按钮，参照录入科目"原材料"时，系统弹出"辅助项"对话框，在"辅助项"对话框中参照选入项目名称。原材料等存货类科目凭证填制效果如图3-2所示。

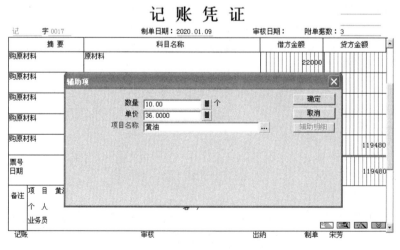

图 3-2　原材料等存货类科目凭证填制窗口

(2) 会计主管审核记账凭证或集中处理。

业务 18 指导

1. 手工账指导

(1) 原始凭证匹配思路。一项销售业务涉及三类票据：发货单（或出库单）、销售发票和收款单。在实际工作中通常是根据出库单去匹配销售发票和收款单，如果三张票据齐全或者只有出库单和销售发票则属于"普通销售业务"，确认销售收入，结转销售成本；如果只有出库单则暂不做处理，等到月末仍然未开具销售发票时再做发出商品处理，不确认销售收入，只结转发出商品成本。本公司财务制度规定，销售成本月末集中结转，此时的产成品出库单需要专夹保管，等到月末再汇总处理（下同）。

(2) 经济业务分析。该笔业务三张票据齐全，属于普通销售业务，且票据金额一致，正常处理即可。

(3) 原始凭证审核。

① 审核出库单与所开发票是否一致。

② 审核发票所载事项是否齐全、正确。

③ 审核收款单所载事项与发票信息是否一致。

2. 电算账指导

(1) 总账会计在总账系统中直接填制记账凭证，录入辅助核算信息。在录入凭证时需注意录入主营业务收入的存货数量等信息，否则将无法自动结转销售成本。

操作步骤

单击工具栏中的"增加"按钮，参照录入科目"主营业务收入"科目时，系统弹出"辅助项"对话框，在"辅助项"对话框中参照选入项目名称、数量等辅助信息，主营业务收入科目凭证填制如图3-3所示。

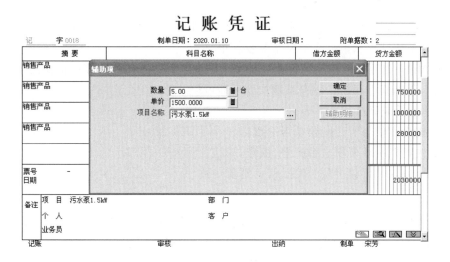

图 3-3 主营业务收入科目凭证填制窗口

(2) 会计主管审核记账凭证或集中处理。

业务 19 指导

1. 手工账指导

(1) 原始凭证匹配思路。中共中央办公厅、国务院办公厅 2018 年 7 月 21 日印发《国税地税征管体制改革方案》，明确规定：从 2019 年 1 月 1 日起，将基本养老保险费、基本医疗保险费、失业保险费、工伤保险费、生育保险费等各项社会保险费交由税务部门统一征收。住房公积金仍然到当地的住房公积金管理部门申报缴纳。

现行制度规定，五险一金中只有"医疗保险和生育保险"需提前 1 个月预交，其他基金则是当月缴纳。

目前多数企业在缴纳"五险一金"时，都是由银行根据所接受的企业申报自动扣款。当企业到税务大厅申报时，则可以获得完税凭证。如果申报人员在网上自助申报，则无完税凭证。财务人员需根据社保申报表、完税凭证去匹配银行付款凭证。

(2) 经济业务分析。企业在缴纳"五险一金"时，需要将"应付职工薪酬——社会保险"科目中单位所负担的部分和"其他应付款——社会保险"科目中个人负担的部分全部转出。借记"应付职工薪酬——设定提存计划（养老保险或失业保险等）"科目、"应付职工薪酬——社会保险（医疗保险或工伤保险等）"科目、"应付职工薪酬——住房公积金"科目、"其他应付款——养老保险或住房公积金"等科目，贷记"银行存款"科目。

(3) 原始凭证审核。审核银行付款金额与应交金额是否一致。

2. 电算账指导

(1) 总账会计在总账系统中直接填制记账凭证，并录入辅助核算信息。

(2) 会计主管审核记账凭证或集中处理。

业务 20 指导

1. 手工账指导

(1) 原始凭证匹配思路。此项销售业务同样涉及三类票据：出库单、销售发票和收款单。财务人员应就出库单去匹配发票及收款单。

(2) 经济业务分析。该笔销售业务是威力泵业公司向石门商贸公司销售两种型号污水泵各 10 台，收到银行存款。做存款增加处理即可。

(3) 原始凭证审核。

① 审核出库单与所开发票是否一致。

② 审核发票所载事项是否齐全、正确。

③ 审核收款单所载事项与发票信息是否一致。

2. 电算账指导

(1) 总账会计在总账系统中直接填制记账凭证，同时参照发票录入辅助核算信息，即主营业务收入对应的存货数量、单价等信息，以便自动结转销售成本。

(2) 会计主管审核记账凭证或集中处理。

业务 21 指导

公司财务制度规定存货按实际成本核算,发出存货成本的计价按"月末一次加权平均法"进行处理。因此,所有领料单都必须等到月末集中处理。同时需要把领料单按照用途、分品种进行汇总。

业务 22 指导

公司财务制度规定存货按实际成本核算,发出存货成本的计价按"月末一次加权平均法"进行处理。因此,所有产成品入库单和出库单都在月末汇总后再核算入库、出库成本。

业务 23 指导

1. 手工账指导

(1) 原始凭证匹配思路。每一笔采购业务都需要核查三类票据:入库单、采购发票和付款单。实际工作中通常是根据入库单去匹配采购发票,然后再去匹配付款单,本业务同样需要匹配关联的票据。

(2) 经济业务分析。

① 持汇票前往外地采购材料,首先要查询之前所签发的汇票情况,核查"其他货币资金——银行汇票存款"明细账信息。查看票款是否足够支付货款,若票款不足则应补付款或者做应付账款,该笔业务汇票款 30 000 元,大于货款与运费合计 7 983 元,所以应有 22 017 元剩余款退回。这与银行汇票的多余款项通知单正好相符。

② 该笔采购业务还涉及运费分摊问题,在没有重量信息的情况下应按照金额比例进行分摊,重新计算进货单价。

运费分摊计算过程:

轴承 HRB6205:1 000.00÷6 100.00×1 000.00=163.93(元)

轴承 HRB6304:1 000.00÷6 100.00×1 100.00=180.33(元)

轴承 HRB6306:1 000.00÷6 100.00×1 200.00=196.72(元)

轴承 HRB6408:1 000−163.93−180.33−196.72=459.02(元)

购进单价计算过程:

轴承 HRB6205:(1 000+163.93)÷100= 11.639 3(元)

轴承 HRB6304:(1 100+180.33)÷100= 12.803 3(元)

轴承 HRB6306:(1 200+196.72)÷100= 13.967 2(元)

轴承 HRB6408:(2 800+459.02)÷100= 32.590 2(元)

③ 如果遇上平均单价计算有循环小数时,则需要进行金额控制,以保证金额的钩稽关系正确。

(3) 原始凭证审核。

① 审核入库单核验签章是否齐全。

② 审核发票所载事项是否齐全、正确。

③ 审核付款单所载事项与发票信息是否一致。

④ 审核汇票金额与实际结算金额、多余款项的钩稽关系是否正确。

2. 电算账指导

（1）总账会计在总账系统中直接填制记账凭证,并同时录入存货数量、单价（重新计算后）等辅助核算信息。

（2）会计主管审核记账凭证或集中处理。

业务 24 指导

1. 手工账指导

（1）原始凭证匹配思路。此项销售业务同样也涉及三类票据：出库单、销售发票和收款单。财务人员应就出库单去匹配发票及收款单。

（2）经济业务分析。该笔销售业务中,公司已经发货,并开出发票给客户,对方网银转账付款,当天收款入账。

（3）原始凭证审核。

① 审核出库单与所开发票是否一致。

② 审核发票所载事项是否齐全、正确。

③ 审核收款单所载事项与发票信息是否一致。

2. 电算账指导

（1）总账会计在总账系统中直接填制记账凭证,同时参照发票录入辅助核算信息,即主营业务收入对应的存货数量、单价等信息,以便自动结转销售成本。

（2）会计主管审核记账凭证或集中处理。

业务 25 指导

1. 手工账指导

（1）原始凭证匹配思路。每一笔采购业务都需要核查三类票据：入库单、采购发票和付款单。实际工作中通常是根据入库单去匹配发票,然后再去匹配付款单,本业务同样需要匹配关联的票据。

（2）经济业务分析。该笔采购业务发票上注明的价税合计是 23 956 元,但从付款单上看实际支付金额是 3 956 元,少付了 20 000 元。此时应该查看与该供应商相关的预付账款,经查明"预付账款——中山市永强机械厂"期初余额是 20 000 元,所以应冲减该预付款,而不是做应付账款处理。

（3）原始凭证审核。

① 审核入库单核验签章是否齐全。

② 审核发票所载事项是否齐全、正确。

③ 审核付款单所载事项与发票信息是否一致,审核数据的钩稽关系是否正确。

2. 电算账指导

（1）总账会计在总账系统中直接填制记账凭证,并同时录入存货数量、单价等辅助核算信息。

（2）会计主管审核记账凭证或集中处理。

业务 26 指导

1. 手工账指导

（1）原始凭证匹配思路。此项销售业务同样也涉及三类票据：出库单、销售发票和收款单。财务人员应就出库单去匹配销售发票及收款单。

（2）经济业务分析。此笔销售业务中与出库单相配套的票据有本公司开具的增值税专用发票与出库单及收款单。出库单与发票数量一致，发票与收款单金额一致。属于普通销售业务，做正常处理即可。

（3）原始凭证审核。

① 审核出库单与所开发票是否一致。

② 审核发票所载事项是否齐全、正确。

③ 审核收款单所载事项与发票信息是否一致。

2. 电算账指导

（1）总账会计在总账系统中直接填制记账凭证，同时参照发票录入辅助核算信息，即主营业务收入对应的存货数量、单价等信息，以便自动结转销售成本。

（2）会计主管审核记账凭证或集中处理。

业务 27 指导

1. 手工账指导

（1）原始凭证匹配思路。每一笔采购业务都需要核查三类票据：入库单、采购发票和付款单。实际工作中通常是根据入库单去匹配发票，然后再去匹配付款单，本业务同样需要匹配关联的票据。

（2）经济业务分析。

① 此笔采购业务只有付款单和供应商开具的增值税发票，没有入库单，属于"在途业务"。尽管单据不全，但是由于涉及银行存款的变动，所以必须及时进行账务处理。

② 该业务也涉及采购运杂费，需要按金额比例分摊运费并重新计算购入单价。

③ 该业务还合并处理了手续费的单据。按照财务制度规定，手续费应该记入"财务费用——手续费"明细账户。两笔款项需要单独记录，这样便于将来与银行对账单逐笔勾对。

④ 针对在途情况做备查登记，以便到货后及时冲销。

（3）原始凭证审核。

① 审核入库单核验签章是否齐全。

② 审核发票所载事项是否齐全、正确。

③ 审核付款单所载事项与发票信息是否一致，审核数据的钩稽关系是否正确。

（4）备查事项记录。此业务需要登记在途业务的相关信息，如供货商名称、所购材料名称，以便及时进行采购业务跟踪，保证公司财产安全。

2. 电算账指导

（1）总账会计在总账系统中直接填制记账凭证，并同时录入存货数量、单价（重新计算后）等辅助核算信息。

（2）会计主管审核记账凭证或集中处理。

业务 28 指导

1. 手工账指导

(1) 原始凭证匹配思路。此项销售业务同样也涉及三类票据：出库单、销售发票和收款单。财务人员应就出库单去匹配发票及收款单。

(2) 经济业务分析。该笔业务属于一种普通的销售业务，涉及现金收入，按行业惯例本公司出纳人员需要给客户开具现金收据，收据的其中一联是本公司的记账联。

(3) 原始凭证审核。

① 审核出库单与所开发票是否一致。

② 审核发票所载事项是否齐全、正确。

③ 审核收款单所载事项与发票信息是否一致。

2. 电算账指导

(1) 总账会计在总账系统中直接填制记账凭证，在录入主营业务收入时注意录入存货数量等辅助核算信息。

(2) 会计主管审核记账凭证或集中处理。

业务 29 指导

1. 手工账指导

(1) 原始凭证匹配思路。此项销售业务同样也涉及三类票据：出库单、销售发票和收款单。财务人员应就出库单去匹配销售发票及收款单。

(2) 经济业务分析。

① 定州污水处理厂的销售业务涉及增值税专用发票、代垫运费专用发票和收账通知三张原始票据。增值税专用发票价税合计 19 775 元，代垫运费发票价税合计 872 元，应收款合计是 20 647 元。定州污水处理厂交来的银行汇票的收账通知正好也是此金额，所以该笔销售业务是钱货两清。

② 代垫运费发票需要交给客户，为了完整显示业务票据，建议复印运输发票作为原始凭证保留，以备日后查询。

③ 针对代付的运费，应在日记账中记录转账支票的号码，以便日后与银行对账。

(3) 原始凭证审核。

① 审核出库单与所开发票是否一致。

② 审核发票所载事项是否齐全、正确。

③ 审核收款单所载事项与发票信息是否一致。

④ 审核支票使用是否符合财务制度规定。

(4) 备查事项记录。在"支票使用登记簿"上记录如下信息。

收款人：石门市顺丰物流

款项用途：代垫运费

结算金额：872.00 元

支票号码：05412302

签发日期：2020.01.19

2. 电算账指导

（1）总账会计在总账系统中直接填制记账凭证，除了在录入主营业务收入时注意录入存货数量信息外，还应注意补充登记支票登记簿。

（2）会计主管审核记账凭证或集中处理。

业务 30 指导

按照财务制度规定，所有领料单均需要等到月末集中处理。

业务 31 指导

按照财务制度规定，所有产成品入库单均需要等到月末集中处理。

业务 32 指导

1. 手工账指导

（1）原始凭证匹配思路。此项销售业务同样也涉及三类票据：出库单、销售发票和收款单。财务人员应就出库单去匹配销售发票及收款单。如果出现金额的钩稽关系不一致时，应追查相关的往来科目，比如"应收账款"或"预收账款"等。

（2）经济业务分析。销售发票价税合计为 75 710 元，代垫运杂费 1 308 元，应收款合计 77 018 元，但是收到郑州市农机有限公司交来的银行承兑汇票金额为 135 518 元，大于本次应收金额 58 500 元，此时就应该查询"应收账款"或"预收账款"科目明细。通过查询发现"应收账款——郑州市农机有限公司"期初余额为 58 500 元，在此冲减应收账款即可。

（3）原始凭证审核。

① 审核出库单与所开发票是否一致。

② 审核发票所载事项是否齐全、正确。

③ 审核收款单所载事项与发票信息是否一致。

④ 审核所有单据金额的钩稽关系是否正确。

⑤ 审核支票使用是否符合财务制度规定。

（4）备查事项记录。

① 针对银行承兑汇票的相关信息需要进行备查登记。如汇票的到期日、票号、承兑银行名称、票据金额等。

② 在"支票使用登记簿"上记录如下信息。

收款人：石门市顺丰物流

款项用途：代垫运费

结算金额：1 308.00 元

支票号码：05412303

签发日期：2020.01.20

2. 电算账指导

（1）总账会计在总账系统中直接填制记账凭证，除了在录入主营业务收入时注意录入存货数量信息外，还应注意补充登记支票登记簿及支票号码。

(2) 会计主管审核记账凭证或集中处理。

业务 33 指导

1. 手工账指导

（1）原始凭证匹配思路。此业务只有一张利息收入通知单，不需要进行原始凭证匹配。

（2）经济业务分析。该笔业务属于利息收入事项，针对利息收入应该冲减"财务费用"，此时应做借方冲减而不是记入贷方。因为"财务费用"科目贷方是用来登记损益转出而不是冲减借方发生额的，也就是说只有等到期末结转损益时才有贷方发生额。

（3）原始凭证审核。审核利息收入通知单应有签章是否齐全、利息计算是否正确。

2. 电算账指导

（1）在利润表赋值公式中，财务费用单元格公式定义是取财务费用的借方发生额，所以在填制凭证时，财务费用科目应以负数金额写在"借方"。

（2）总账会计在总账系统中直接填制记账凭证，会计主管审核记账凭证或集中处理。

业务 34 指导

1. 手工账指导

（1）原始凭证匹配思路。每一笔采购业务都需要核查三类票据：入库单、采购发票和付款单。实际工作中通常是根据入库单去匹配发票，然后再去匹配付款单，本业务同样需要匹配关联的票据。

（2）经济业务分析。威力泵业从淄博任增磨具磨料有限公司购入的泵盖和滤底座只有入库单，没有相应的发票和付款单。针对此类单据不需要立即处理，等收到发票后再做会计处理。如果月末仍然未收到发票，则需要做暂估处理。

2. 电算账指导

（1）总账会计在总账系统中直接填制记账凭证，录入辅助核算信息。

（2）会计主管审核记账凭证或集中处理。

业务 35 指导

1. 手工账指导

（1）原始凭证匹配思路。此业务只有一张现金缴款单，不需要进行原始凭证匹配。

（2）经济业务分析。该笔业务属于现金缴款业务，做库存现金减少、银行存款增加即可。

（3）原始凭证审核。审核交款单上应有的签章是否齐全。

2. 电算账指导

（1）总账会计在总账系统中直接填制记账凭证。

（2）会计主管审核记账凭证或集中处理。

学习情境 3.3　长期资产购销和存货收发核算

业务 36：1 月 25 日,购入小轿车,原始凭证参见附录单据 1-39、单据 1-40；单据 2-39；单据 3-46～单据 3-48。

业务 37：1 月 25 日,经领导同意,报废机加工车间 2 台机加工设备(系 2009 年 1 月 1 日以后购入),原始价值 20 000 元,累计折旧 4 623.71 元,原始凭证参见附录单据 1-41、单据 1-42；单据 2-40；单据 3-49、单据 3-50。

业务 38：1 月 26 日,根据合同签发建行转账支票 10 000 元,支付立项合作单位石门市机器研究所转子新产品研究费,该项目已在税务机关备案。原始凭证参见附录单据 1-43；单据 3-51。

业务 39：1 月 26 日,支付建行手续费,原始凭证参见附录单据 1-44。

业务 40：1 月 26 日,持票面额为 50 000 元的银行汇票,前往广州市机器制造有限公司购买数控机床 HRA010 一台,差额用网银转账补付。原始凭证参见附录单据 1-45；单据 2-41；单据 3-52～单据 3-55。

业务 41：1 月 26 日,从太原市电器有限公司购买的材料到货,采购员交来入库单。原始凭证参见附录单据 2-42。

业务 42：1 月 27 日,仓库转来一批领料单,原始凭证参见附录单据 2-43～单据 2-51。

业务 43：1 月 28 日,领导决定将非专利技术 1(已经科技主管部门审核,并在税务机关备案),出售给石门市新华泵业有限公司,取得转让收入 28 000 元。原始价值 30 000 元,累计摊销 500 元。原始凭证参见附录单据 1-46；单据 3-56。

【工作任务】

(1) 针对业务 36～业务 43,采用手工方式进行会计处理。

① 会计主管审核原始凭证。

② 总账会计填制记账凭证,交由主管审核后登记除日记账之外的其他账簿。

③ 出纳登记库存现金日记账和银行存款日记账。

(2) 针对业务 36～业务 43,采用电算化方式进行会计处理。

① 总账会计填制记账凭证。

② 会计主管审核记账凭证。

【操作指导】

业务 36 指导

1. 手工账指导

(1) 原始凭证匹配思路。本业务属于车辆购置事项,涉及的原始凭证有购车发票、车款支付凭证；企业为了监管财产,可能还会办理核验手续；按照税法规定该业务还需缴纳车辆购置税,还会取得相关的完税凭证和缴税单据。所以财务人员需要匹配购车发票、车款支付凭证、车辆核验单、车辆购置税完税凭证和税款支付凭证。

(2) 经济业务分析。《财政部 国家税务总局关于在全国开展交通运输业和部分现代服务业营业税改征增值税试点税收政策的通知》(财税〔2013〕37号)附件2第二条规定:"原增值税一般纳税人自用的应征消费税的摩托车、汽车、游艇,其进项税额准予从销项税额中抵扣。"因此,自2013年8月1日起,增值税一般纳税人若新购买摩托车、汽车、游艇,取得的增值税专用发票的进项税额,可不再区分是否自用,均可抵扣进项税额。

(3) 原始凭证审核。

① 车辆购置发票所载金额大小写是否一致,应有签章是否齐全。

② 完税凭证与付款凭证对应事项是否一致。

③ 审核税款计算是否正确。

④ 审核支票使用是否符合财务制度规定。

(4) 备查事项记录。

① 在"支票使用登记簿"上记录如下信息。

收款人：骏达汽车贸易有限公司

款项用途：购车款

结算金额：132 000.00元

支票号码：05412304

签发日期：2020.01.25

② 此业务需要进行新增固定资产备查登记,列示固定资产原值、使用年限、折旧率、净残值等信息,新增固定资产从下月开始计提折旧。

2. 电算账指导

(1) 总账会计在总账系统中直接填制记账凭证,并录入支票辅助核算信息。还应注意补充登记支票登记簿。

(2) 会计主管审核记账凭证或集中处理。

业务37 指导

1. 手工账指导

(1) 原始凭证匹配思路。固定资产清理业务涉及的原始凭证一般有：固定资产清理报废单、清理过程中发生的清理费用发票及付款单据、旧设备的销售发票及收据,因此,需要将这些相关票据匹配起来。

(2) 经济业务分析。

①《财政部 国家税务总局关于全国实施增值税转型改革若干问题的通知》(财税〔2008〕170号)第四条规定："自2009年1月1日起,纳税人销售自己使用过的固定资产(以下简称已使用过的固定资产),应区分不同情形征收增值税：销售自己使用过的2009年1月1日以后购进或者自制的固定资产,按照适用税率征收增值税；2008年12月31日以前未纳入扩大增值税抵扣范围试点的纳税人,销售自己使用过的2008年12月31日以前购进或者自制的固定资产,按照3%征收率减按2%征收增值税。"

②《关于修订印发2019年度一般企业财务报表格式的通知》(财会〔2019〕6号)明确规定:"资产处置损益"会计科目核算企业出售划分为持有待售的非流动资产(金融工具、长期股权投资和投资性房地产除外)或处置组(子公司和业务除外)时确认的处置利得或损失,以及处置未划分为持有待售的固定资产、在建工程、生产性生物资产及无形资产而产生的处置利得或损失。如果资产处置后还有使用价值,则记入"资产处置损益"科目;反之,则记入"营业外支出"科目。

③《财政部 税务总局 海关总署公告2019年第39号》第六条第一款规定:"纳税人未取得增值税专用发票的,暂按照以下规定确定进项税额:取得增值税电子普通发票的,为发票上注明的税额。"

本业务报废(销售)的固定资产是2009年1月1日以后购入的,所以应按当前税率缴纳增值税;支付清理费获得的普通发票可以抵扣当期销项税;其损益应记入"营业外支出"科目。

(3) 原始凭证审核。

① 审核清理费用发票是否合法。

② 审核固定资产清理报废单中,原值、已提折旧、净值、钩稽关系是否正确。

③ 审核付款单据与发票金额的钩稽关系是否正确。

(4) 备查事项记录。此笔业务需要进行备查登记,着重记录报废固定资产原值、已提折旧,减少的固定资产从下月停止计提折旧。

2. 电算账指导

(1) 总账会计在总账系统中直接填制记账凭证。

(2) 会计主管审核记账凭证或集中处理。

业务38指导

1. 手工账指导

(1) 原始凭证匹配思路。此笔业务属于购入技术服务,涉及技术服务发票和付款单据,财务人员需要将这两种票据按照经济内容和金额进行匹配。

(2) 经济业务分析。

①《财政部 国家税务总局关于全面推开营业税改征增值税试点的通知》(财税〔2016〕36号)附件3第一款免税项目的第二十六条规定:"纳税人提供技术转让、技术开发和与之相关的技术咨询、技术服务……备案程序。试点纳税人申请免征增值税时,须持技术转让、开发的书面合同,到纳税人所在地省级科技主管部门进行认定,并持有关的书面合同和科技主管部门审核意见证明文件报主管税务机关备查。"本业务所涉及的增值税项目已经备案,销售方可以享受免税优惠。

② 支付产品科研费用,在形成专有技术(无形资产)之前,按会计准则规定应记入"研发支出——费用化支出"明细科目。

(3) 原始凭证审核。

① 审核发票所载事项是否齐全,大小写金额是否一致。

② 审核付款单据与发票的相关事项是否对应一致。

③ 审核所有票据的签章是否齐全。

④ 审核支票使用是否符合财务制度规定。

(4) 备查事项记录。在"支票使用登记簿"上记录如下信息。

收款人：石门市机器研究所

款项用途：付研究费

结算金额：10 000.00 元

支票号码：07386201

签发日期：2020.01.26

2. 电算账指导

(1) 总账会计在总账系统中直接填制记账凭证,并录入支票辅助核算信息。

(2) 会计主管审核记账凭证或集中处理。

业务 39 指导

1. 手工账指导

(1) 原始凭证匹配思路。此业务只有一张付款单,不需要进行原始凭证匹配。

(2) 经济业务分析。该笔业务属于支付手续费业务,增加财务费用即可。

(3) 记账凭证审核。审核使用会计科目使用是否正确。

2. 电算账指导

(1) 总账会计在总账系统中直接填制记账凭证。

(2) 会计主管审核记账凭证或集中处理。

业务 40 指导

1. 手工账指导

(1) 原始凭证匹配思路。购买生产设备业务通常会涉及设备验收单、设备购物发票、运输发票和付款单据,如果单据金额的钩稽关系不一致,还应考虑预付款或汇票款等单据。

(2) 经济业务分析。

① 上月签发的银行汇票 50 000 元,本月持其前往广州市机器制造有限公司购买数控机床,发票设备款 226 000 元,供应商代垫运费 545 元。按规定生产设备购置所产生的增值税可以抵减当期销项税,所以设备资产入账价值中不包括货物专用发票的增值税及运输专用发票的增值税,可抵扣的增值税为 26 045(26 000＋45)元。

② 货款及运费合计 226 545 元,银行汇票 50 000 元,差额 176 545 元。如果用银行存款支付了,则减少银行存款,否则做应付账款处理。

(3) 原始凭证审核。

① 设备发票所载金额大小写是否一致,应有签章是否齐全。

② 发票与付款凭证对应事项是否一致。

③ 审核验收单签章是否齐全。

④ 银行汇票金额、网银转账金额、发票金额的钩稽关系是否正确。

(4) 备查事项记录。此业务需要进行新增固定资产备查登记,记录固定资产原值、使用年限、折旧率、净残值等信息。新增固定资产从下月开始计提折旧。

2. 电算账指导

（1）总账会计在总账系统中直接填制记账凭证。

（2）会计主管审核记账凭证或集中处理。

业务 41 指导

1. 手工账指导

（1）原始凭证匹配思路。在途物资到货仅涉及验收入库单一张原始凭证，不需要进行原始凭证匹配。

（2）经济业务分析。在途物资到货，从"在途物资"转入"原材料"即可，但是需要与第 27 笔业务进行核对。

（3）原始凭证审核。

① 审核入库单信息与在途明细账信息是否一致。

② 审核验收入库单的签章是否齐全。

2. 电算账指导

（1）总账会计在总账系统中直接填制记账凭证，并同时录入存货数量、单价等辅助核算信息。

（2）会计主管审核记账凭证或集中处理。

业务 42 指导

按照本公司财务制度规定，所有领料单均需要等到月末集中处理。

业务 43 指导

1. 手工账指导

（1）原始凭证匹配思路。转让无形资产业务涉及的票据应该有收款凭证和转让发票，财务人员应就发票去匹配收款单或者用收款单去匹配发票。

（2）经济业务分析。

① 本月转让"非专利技术 1"，原值 30 000 元，按照会计准则规定，无形资产转让当月应停止摊销其价值。

财税〔2016〕36 号附件 3 第一款第二十六条规定："下列项目免征增值税：纳税人提供技术转让、技术开发和与之相关的技术咨询、技术服务。"所以，该技术转让业务可以享受免交增值税的优惠。

② 财会〔2019〕6 号明确，企业处置未划分为持有待售的固定资产、在建工程、生产性生物资产及无形资产而产生的处置利得或损失记入"资产处置损益"科目。

（3）原始凭证审核。

① 审核发票所载事项与收款单对应事项是否一致。

② 审核税额计算是否符合税法规定，税率适用是否正确。

2. 电算账指导

（1）总账会计在总账系统中直接填制记账凭证。

(2) 会计主管审核记账凭证或集中处理。

学习情境 3.4　发放福利、捐赠核算

业务 44：1 月 28 日，经领导批准办公室主任王勇购买食品发放福利，原始凭证参见附录单据 1-47；单据 3-57；单据 3-58；单据 4-7。

业务 45：1 月 30 日，仓库传来一批产成品入库单，原始凭证参见附录单据 2-52、单据 2-53。

业务 46：1 月 30 日，整理无发票匹配的入库单暂估入账，原始凭证参见附录单据 2-38。

【工作任务】

(1) 针对业务 44～业务 46，采用手工方式进行会计处理。
① 会计主管审核原始凭证。
② 总账会计填制记账凭证，交由主管审核后登记除日记账之外的其他账簿。
③ 出纳登记库存现金日记账和银行存款日记账。
(2) 针对业务 44～业务 46，采用电算化方式进行会计处理。
① 总账会计填制记账凭证。
② 会计主管审核记账凭证。

【操作指导】

业务 44 指导

1. 手工账指导

(1) 原始凭证匹配思路。企业内部财务制度第一款第一条第四项规定："审批程序：经办人→部门负责人→财务副总经理→总经理→出纳支付。此审批程序是指非常规费用而言，对于常规费用(如材料购进、设备维修、社会保险、住房公积金、税金及附加和银行结算费用等)只需部门经理审批即可。"

购买福利品业务属于非常规费用，需要履行审批程序。该业务涉及购物发票、付款单及费用申请单。因此，财务人员应该按照这一思路去匹配原始凭证。

(2) 经济业务分析。财税〔2013〕37 号附件 1 第二十四条规定："用于适用简易计税方法计税项目、非增值税应税项目、免征增值税项目、集体福利或者个人消费的购进货物……接受的旅客运输服务不得从销项税额中抵扣。"购买福利品属于集体福利，因此相应的增值税不能抵扣当期销项税。

(3) 原始凭证审核。
① 审核费用审批单应有的签章是否齐全。
② 审核发票所载事项是否齐全、是否正确。

③ 审核所有单据的大小写金额是否一致。
④ 审核支票使用是否符合财务制度规定。

(4) 备查事项记录。在"支票使用登记簿"上记录如下信息。

       收款人：甜甜食品公司
       款项用途：支付食品款
       结算金额：42 940.00 元
       支票号码：05412305
       签发日期：2020.01.28

2. 电算账指导

(1) 总账会计在总账系统中直接填制记账凭证，并录入支票辅助核算信息补充登记支票登记簿。

(2) 会计主管审核记账凭证或集中处理。

业务 45 指导

按照财务制度规定，所有产成品入库单均需要等到月末集中处理。

业务 46 指导

1. 手工账指导

(1) 原始凭证匹配思路。此业务是针对月末仍未收到发票的入库单进行的暂估处理，所以不需要进行原始凭证匹配，只是将所有的类似单据汇总处理即可。

(2) 经济业务分析。根据会计制度规定，月末应对无发票匹配的入库单进行暂估入账，通过整理汇总发现，第 34 笔业务向淄博任增磨具磨料有限公司采购的入库单（单据 2-38）无发票匹配，在此需按照期初该材料的单位成本进行暂估记账。

(3) 原始凭证审核。审核所汇总的无发票对应的入库单是否完全，避免疏忽遗漏。

2. 电算账指导

(1) 总账会计在总账系统中维护供应商信息，填制记账凭证，录入存货数量、单价等辅助信息。

(2) 会计主管审核记账凭证或集中处理。

模块4　成本计算与核算

学习情境 4.1　计提借款利息、无形资产摊销核算

业务 47：1 月 30 日，计提借款利息，原始凭证参见附录单据 4-8。

业务 48：1 月 30 日，无形资产摊销，原始凭证参见附录单据 4-9。

业务 49：1 月 30 日，将研发支出中的费用化支出转入期间损益，原始凭证参见附录单据 4-10。

业务 50：1 月 30 日，签发支票支付维修车间设备日常维修材料款，原始凭证参见附录单据 1-48；单据 3-59、单据 3-60。

【工作任务】

(1) 针对业务 47～业务 50，采用手工方式进行会计处理。

① 会计主管审核原始凭证。

② 总账会计填制记账凭证，交由主管审核后登记除日记账之外的其他账簿。

③ 出纳登记库存现金日记账和银行存款日记账。

(2) 针对业务 47～业务 50，采用电算化方式进行会计处理。

① 总账会计填制记账凭证。

② 会计主管审核记账凭证。

【操作指导】

业务 47 指导

1. 手工账指导

(1) 原始凭证匹配思路。此业务只有一张利息费用计算单，不需要进行原始凭证匹配。

(2) 经济业务分析。按照权责发生制原则，公司需要对银行借款预提借款利息，经查明该项借款属于流动资金借款。故应记入"财务费用"科目；对应科目为"应付利息"，等实际支付利息时转出即可。

财务人员需要在"短期借款备查簿"上查找此笔借款的借款日、到期日、本金、利率等基

本信息,以便计算本月应计利息。

(3) 原始凭证审核。审核借款利息计算是否正确。

2. 电算账指导

(1) 总账会计在总账系统中按照开户行维护"应付利息"明细账信息,填制记账凭证。

(2) 会计主管审核记账凭证或集中处理。

业务 48 指导

1. 手工账指导

(1) 原始凭证匹配思路。此业务只有一张无形资产摊销计算表,不需要进行原始凭证匹配。

(2) 经济业务分析。按照会计准则规定,无形资产按月摊销。当月增加的无形资产在当月开始摊销,当月减少的无形资产当月停止摊销。财务人员需要查询期初无形资产信息及本月新增和减少无形资产信息,以便正确计算其摊销额。经查明本月无新增无形资产,本月转让出售了"非专利技术1"。无形资产的摊销应记入"管理费用"科目。

(3) 原始凭证审核。

① 审核无形资产摊销金额计算是否正确。

② 审核本期已增加或已减少的无形资产是否全部计算在内。

2. 电算账指导

(1) 总账会计在总账系统中直接填制记账凭证。

(2) 会计主管审核记账凭证或集中处理。

业务 49 指导

1. 手工账指导

(1) 原始凭证匹配思路。此业务只有一张原始凭证,不需要进行原始凭证匹配。

(2) 经济业务分析。本月发生的"研发支出(费用化支出)"10 000.00 元,没有形成无形资产,月末需要将其转入"管理费用"科目。

(3) 原始凭证审核。审核"研发支出(费用化支出)"是否符合规定标准。

2. 电算账指导

(1) 总账会计在总账系统中直接填制记账凭证。

(2) 会计主管审核记账凭证或集中处理。

业务 50 指导

1. 手工账指导

(1) 原始凭证匹配思路。按照企业内部财务制度规定,车间设备的日常维修费用,部门经理审批即可。此业务涉及付款单、费用发票,财务人员需匹配相关的原始凭证。

(2) 经济业务分析。按照会计准则规定,车间固定资产日常维修费用应记入"管理费用"科目;依据相关税法规定,日常维修所产生的增值税税款可以抵减当期销项税。

(3) 原始凭证审核。

① 审核发票所载事项及签章是否齐全。
② 审核付款单与发票对应的事项是否一致。
③ 审核支票使用是否符合财务制度规定。
(4) 备查事项记录。在"支票使用登记簿"上记录如下信息。

收款人：先锋配件厂
款项用途：支付维修款
结算金额：1 808.00 元
支票号码：05412306
签发日期：2020.01.30

2. 电算账指导

(1) 总账会计在总账系统中直接填制记账凭证，并录入支票辅助核算信息，补充登记支票登记簿。

(2) 会计主管审核记账凭证或集中处理。

学习情境 4.2　职工薪酬核算

业务 51：1 月 30 日，按照企业内部财务制度规定，依据附录 4 的"五险一金"计算表（单据 4-12），分摊本期应由企业负担的"五险一金"。原始凭证参见附录单据 4-11、单据 4-12、单据 4-14。

业务 52：1 月 30 日，按照企业内部财务制度规定，依据附录 4 的工资计算表（单据 4-13），分摊本期负担的工资费用。原始凭证参见附录单据 4-11、单据 4-13、单据 4-15。

业务 53：1 月 30 日，按照企业内部财务制度规定，根据上述资料计算分摊本期工会经费、教育经费。原始凭证参见附录单据 4-16。

业务 54：1 月 30 日，按照会计准则要求将"应付职工薪酬——工资、津贴"中的"五险一金"扣款转至"其他应付款"科目。原始数据参见附录单据 4-13。

业务 55：1 月 30 日，将个人所得税扣款转至"应交税费——应交个人所得税"科目。原始数据参见附录单据 4-13。

【工作任务】

(1) 针对业务 51~业务 55，采用手工方式进行会计处理。
① 人力资源部编制"五险一金"计算表和工资计算表。
② 核算会计编制"五险一金"费用分配表和工资费用分配表。
③ 会计主管审核原始凭证。
④ 总账会计填制记账凭证交由主管审核后登记除日记账之外的其他账簿。

(2) 针对业务 51~业务 55，采用电算化方式进行会计处理。
① 总账会计填制记账凭证。

② 会计主管审核记账凭证。

【操作指导】

业务 51 指导

1. 手工账指导

(1) 原始凭证匹配思路。此业务有一张保险费用计算单、一张费用分配表和一张分配依据信息表,财务人员需要进行相应的原始凭证匹配。

(2) 经济业务分析。根据本企业财务核算制度第三款第六条(见学习情境 1.3)规定,"生产人员的职工薪酬,按照产品生产工时比例分配计入各产品"。保险费属于应付职工薪酬核算内容。根据社会保险和住房公积金的有关规定,保险费和住房公积金缴费基数按照上年度缴费职工月平均工资(假定本公司上月缴费职工月平均工资与本月工资相同)确定。

就"五险一金"计算表应根据分配额借记"生产成本——基本生产成本(机加工或装配车间直接人工)"科目、"制造费用——机加工或装配车间(职工薪酬)"科目、"生产成本——辅助生产成本"科目、"销售费用——职工薪酬"科目、"管理费用——职工薪酬"科目,根据保险金额贷记"应付职工薪酬——设定提存计划"科目、"应付职工薪酬——社会保险"科目、"应付职工薪酬——住房公积金"科目。计算分配表格式见附录单据 4-12、单据 4-14。

在填制手工记账凭证时请注意使用分数编号法对此凭证进行分数编号,原始凭证可以粘贴在第一张记账凭证后面。此后的记账凭证在摘要栏注明原始凭证的位置即可。

(3) 原始凭证审核。

① 审核社会保险费和住房公积金的计算是否正确。

② 审核"五险一金"分摊是否合理。

③ 审核会计科目使用是否正确。

2. 电算账指导

(1) 总账会计在总账系统中直接填制记账凭证,并录入项目辅助核算信息。具体操作步骤如下。

操作步骤

单击工具栏中的"增加"按钮,参照录入科目"生产成本——基本生产成本(机加工车间——直接人工)"时,系统弹出"辅助项"对话框,在"辅助项"对话框中参照选入项目名称"污水泵 4.0kW",如图 4-1 所示。

(2) 会计主管审核记账凭证或集中处理。

业务 52 指导

1. 手工账指导

(1) 原始凭证匹配思路。此业务有一张工资费用计算单、一张分配依据信息表和一张费用分配表,财务人员需要进行相应的原始凭证匹配。

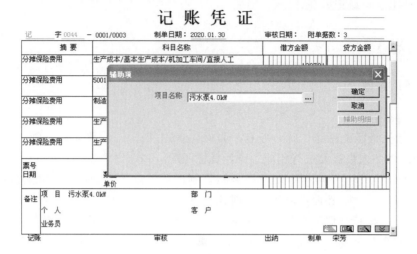

图 4-1 成本项目录入窗口

（2）经济业务分析。职工薪酬费用应遵循谁受益谁负担的原则，各部门职工的工资费用按照会计制度规定正确记入相应的会计科目。车间生产人员的薪酬费用按照工时比例分摊记入"生产成本——基本生产成本"科目；车间管理人员的薪酬费用记入"制造费用"科目；辅助生产车间人员的薪酬费用记入"生产成本——辅助生产成本"科目；销售部门人员的薪酬费用记入"销售费用"科目；其他人员的薪酬费用记入"管理费用"科目。

工资计算表应根据分配金额借记"生产成本——基本生产成本（机加工车间或装配车间的直接人工）"科目、"制造费用——机加工或装配车间（职工薪酬）"科目、"生产成本——辅助生产成本"科目、"销售费用——职工薪酬"科目、"管理费用——职工薪酬"科目，根据应付工资合计贷记"应付职工薪酬——工资、津贴、奖金"科目。计算分配表见附录单据 4-13、单据 4-15。

（3）原始凭证审核。

① 审核个人所得税及"五险一金"扣款计算是否正确。

② 审核工资费用分摊是否合理。

③ 审核会计科目使用是否正确。

2. 电算账指导

（1）总账会计在总账系统中直接填制记账凭证，并录入项目辅助核算信息。

（2）会计主管审核记账凭证或集中处理。

业务 53 指导

1. 手工账指导

（1）原始凭证匹配思路。此业务只有一张费用分配表，不需要进行原始凭证匹配。

（2）经济业务分析。现行财务制度规定，企业应当按规定计提工会经费和职工教育经费，专门用于规定的用途。该费用同工资费用一样记入相应的成本费用科目。计算表见附录单据 4-16。

（3）原始凭证审核。

① 审核工会经费和教育经费适用比例及金额计算是否正确。
② 审核费用科目使用是否正确。

2. 电算账指导

（1）总账会计在总账系统中直接填制记账凭证，并录入项目辅助核算信息。

（2）会计主管审核记账凭证或集中处理。

业务 54 指导

1. 手工账指导

（1）原始凭证匹配思路。此业务数据参见附录 4 的工资计算表（单据 4-13），不需要进行原始凭证匹配。

（2）经济业务分析。按照会计准则规定，在计提"五险一金"后，应将个人负担的社会保险和住房公积金转至"其他应付款"中，以便详细核算个人负担的"三险一金"。针对企业所负担的"五险一金"可以保留在"应付职工薪酬"明细账目中，实际缴纳时再从相关账户中转出。

（3）原始凭证审核。审核所使用的会计科目是否正确。

2. 电算账指导

（1）总账会计在总账系统中直接填制记账凭证。

（2）会计主管审核记账凭证或集中处理。

业务 55 指导

1. 手工账指导

（1）原始凭证匹配思路。此业务数据参见附录 4 的工资计算表（单据 4-13），不需要进行原始凭证匹配。

（2）经济业务分析。按照《个人所得税法》规定，居民个人在缴纳个人所得税时，可以在税前扣除"专项扣除"和"附加扣除"。针对工资表中扣减的个人所得税应借记"应付职工薪酬——工资、津贴、奖金"科目，贷记"应交税费——个人所得税"科目。

（3）原始凭证审核。审核"个税"计算扣除是否正确。

2. 电算账指导

（1）总账会计在总账系统中直接填制记账凭证。

（2）会计主管审核记账凭证或集中处理。

学习情境 4.3　分配辅助生产费用及制造费用核算

业务 56：1 月 30 日，分摊本月发生的水电费。原始凭证参见附录单据 4-17。

业务 57：1 月 30 日，汇总领料单，计算结转材料出库成本。原始凭证参见附录单据 4-18～单据 4-20。

业务58：1月30日，本期维修车间所提供的劳务均属于日常维修。结转辅助生产成本至期间损益。原始凭证参见附录单据4-21。

业务59：1月30日，分摊本期发生的制造费用。原始凭证参见附录单据4-22～单据4-24。

【工作任务】

(1) 针对业务56～业务59，采用手工方式进行会计处理。

① 根据水电消耗量统计表计算分摊水电费至相关成本费用科目。

② 根据库管员汇总的材料出库数量计算分配材料出库成本。

③ 结转维修车间费用至期间损益。

④ 归集制造费用，计算分摊至相关的成本费用科目。

⑤ 填制记账凭证，登记账簿。

(2) 针对业务56～业务59，采用电算化方式进行会计处理。

① 总账会计填制记账凭证。

② 会计主管审核记账凭证。

【操作指导】

业务56指导

1. 手工账指导

(1) 原始凭证匹配思路。此业务只有水电费分配表，不需要进行原始凭证匹配。

(2) 经济业务分析。依据当月本公司水电消耗量统计表，月末分摊水电费，编制水电消耗量统计及分配表。水电费在部门之间的分摊，应以水电耗用量为标准，生产车间耗用水电记入"制造费用"科目；辅助生产车间耗用水电记入"生产成本——辅助生产成本"科目；管理部门耗用水电记入"管理费用"科目，计算分配表见附录单据4-17。

(3) 原始凭证审核。

① 审核所分摊的水电费计算是否正确。

② 审核分配结果与水电费归集是否一致。

2. 电算账指导

(1) 总账会计在总账系统中直接填制记账凭证，并录入项目辅助核算信息。

(2) 会计主管审核记账凭证或集中处理。

业务57指导

1. 手工账指导

(1) 原始凭证匹配思路。该业务涉及原材料及周转材料出库汇总表及成本计算表，它们都属于费用单据。财务人员需要根据库管员的领料汇总表查找或计算材料发出单价制作费用分配表。

(2) 经济业务分析。在计算各种材料加权平均单价时，手工核算的情况下可以在明细账页中进行计算，如图 4-2 所示。

线包 1.5kW 平均单价＝(期初余额＋本月购进金额)÷(期初数量＋本月购进数量)

＝(10 800.00＋9 900.00)÷(120＋100)

＝94.090 9(元/包)

货号	001	原材料明细账	总页 4	分页	#N/A
规格			符号		
单位	包	最高存量	低存量	种类	
				品名	线包 1.5kW

2020年 月	日	类别	号数	摘要	收入 数量	收入 单价	收入 金额	付出 数量	付出 单价	付出 金额	结存 数量	结存 单价	结存 金额
01	01			上年结转							120	90.0000	1080000
	26	记	41	购入	100	99.0000	990000				220		2070000

图 4-2 原材料明细账页

材料成本的转出应按照其用途进行分配，生产领料能够直接计入产品成本的直接计入产品成本，借记“生产成本——基本生产成本”科目，不能直接计入产品成本的应分配计入；车间一般耗用领料的记入“制造费用”科目；辅助生产部门领料的记入“生产成本——辅助生产成本”科目；行政管理部门领用的记入“管理费用”科目。按照发出材料合计贷记“原材料”科目，汇总计算表见附录单据 4-18～单据 4-20。

该业务在填制记账凭证时“存货”科目不必一一列示，只填制总账科目金额即可，登记“原材料”和“周转材料”明细账簿时，可以参照原始凭证数据登账。

(3) 原始凭证审核。

① 审核原材料平均单价计算是否正确。

② 审核材料分配是否合理。

③ 审核使用会计科目是否正确。

2. 电算账指导

(1) 核算会计查询出库材料当前单价，协助手工账制作材料出库成本分配表。

操作步骤

(1) 选择“总账”/“账表”/“项目辅助账”/“项目明细账”命令，双击打开“项目明细账条件”对话框，选择“项目大类”为存货核算，选择“项目”为线包 1.5kW。如果未记账则应复选“包含未记账凭证”选项，科目范围选择“原材料”，如图 4-3 所示。

(2) 单击“确定”按钮，进入“项目明细账”窗口，此时注意选择右上角的账页格式(数量金额式)。刷新后显示线包 1.5kW 的当前单价(系统按照存货档案中设置方法计算)。查询结果如图 4-4 所示。

(3) 查询其他材料当前单价时，只需要在当前窗口切换原材料明细项目即可。切换方法是在项目栏录入存货编号或者存货名称依次查找，如图 4-5 所示。

图 4-3 存货项目明细账查询对话框

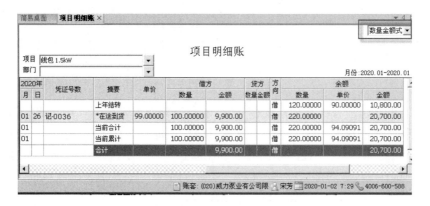

图 4-4 线包 1.5kW 单价查询结果

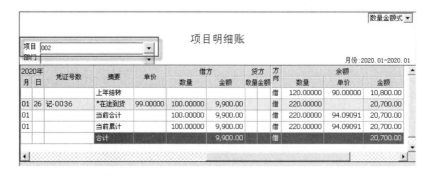

图 4-5 原材料单价查询窗口

(4) 查询周转材料单价时请注意切换会计科目,如图 4-6 所示。

(2) 总账会计填制记账凭证,录入辅助核算信息。

 操作步骤

(1) 在填制凭证窗口的工具栏中单击"增加"按钮,参照录入科目"生产成本——基本生产成本(机加工车间——直接材料)"科目时,系统弹出"辅助项"对话框,在"辅助项"对话框中参照选入项目名称"污水泵 1.5kW 或污水泵 4.0kW",如图 4-7 所示。

(2) 录入存货科目时,在"原材料"辅助项中输入已查询到的各种原材料的平均单位成

模块4 成本计算与核算

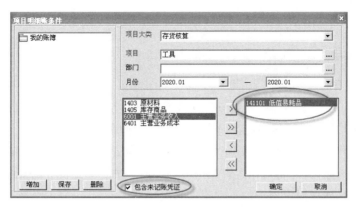

图 4-6 周转材料单价查询窗口

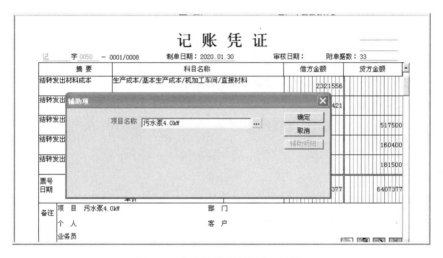

图 4-7 成本核算项目录入对话框

本、领用数量等信息，针对单价有循环小数的请注意调整金额的尾差，以保证与手工计算的一致性，如图 4-8 所示。

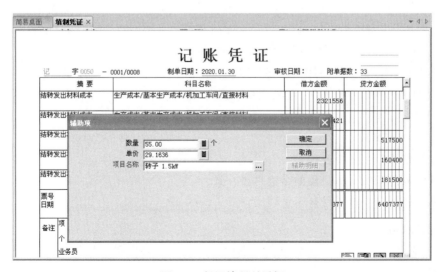

图 4-8 凭证填制对话框

(3) 会计主管审核机制凭证并记账或集中处理。

业务 58 指导

1. 手工账指导

(1) 原始凭证匹配思路。此业务只是涉及费用单据,不需要进行原始凭证的匹配。

(2) 经济业务分析。一般情况下,固定资产投入使用后,由于固定资产的磨损、各组成部分耐用程度不同,可能导致固定资产的局部损坏。为了维护固定资产的正常运转和使用,充分发挥其使用效能,企业将对固定资产进行必要的维护。固定资产的日常修理费用、大修理费用等支出只是确保固定资产的正常工作状况,一般不产生未来的经济利益。因此,通常不符合固定资产确认条件,在发生时应直接计入当期损益。企业生产车间(部门)和行政管理部门等发生的固定资产修理费用等后续支出记入"管理费用"科目;企业专设销售机构的,其发生的与专设销售机构相关的固定资产修理费用等后续支出记入"销售费用"科目。对于处于修理、更新改造过程而停止使用的固定资产,如果其修理、更新改造支出不满足固定资产的确认条件,在发生时也应直接计入当期损益。

(3) 原始凭证审核。

① 审核记账凭证使用的会计科目是否正确。

② 审核转出、转入金额是否一致。

2. 电算账指导

(1) 总账会计在总账系统中直接填制记账凭证。

(2) 会计主管审核记账凭证或集中处理。

业务 59 指导

1. 手工账指导

(1) 原始凭证匹配思路。此业务只是涉及费用单据,不需要进行原始凭证的匹配。

(2) 经济业务分析。本公司的"制造费用"是按车间分设明细账的,而机加工车间和装配车间都是生产了多种产品。因此,需要分配结转费用金额,该公司内部财务制度要求按照工时比例计算分配。计算分配过程见附录单据 4-24。

此外,"制造费用"账簿使用的是多栏账账页,此时,在编制记账凭证时需要分核算项目(如职工薪酬、折旧费、水电费等)逐项列示。同时,登记账簿时需要分明细结转各项目金额,结转方法如图 4-9 所示。

(3) 原始凭证审核。

① 审核费用分配是否合理。

② 审核分配金额与所归集的金额是否一致。

③ 审核使用的会计科目是否正确。

2. 电算账指导

(1) 定义多栏账,归集制造费用各明细项目发生额。协助手工核算下制造费用归集与分配,并且与手工状态下的数据核对一致。

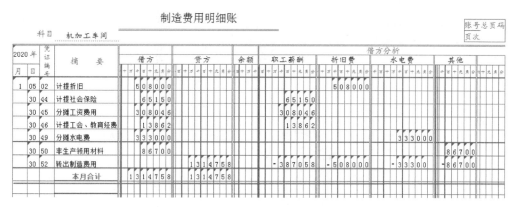

图 4-9 制造费用（机加工车间）明细账

（1）单击"账表"/"科目账"/"多栏账"，打开"多栏账设置"窗口，然后单击"增加"按钮，打开"多栏账定义"对话框，核算科目选择"510101 机加工车间"，单击"自动编制"按钮，再单击"选项"按钮，选择"分析栏目后置"和"借方分析"，如图 4-10 所示。

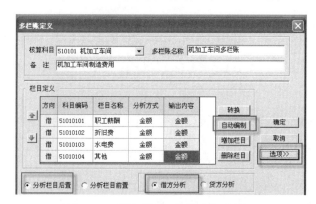

图 4-10 制造费用多栏账设置对话框

（2）单击"确定"按钮，返回多栏账定义界面。选择"机加工车间多栏账"，单击工具栏中的"查询"按钮，若还未记账请勾选"包含未记账凭证"选项，单击"确定"按钮，打开"多栏账查询"窗口，如图 4-11 所示。

图 4-11 机加工车间制造费用多栏账查询结果

(3) 重复以上步骤设置装配车间制造费用多栏账、销售费用多栏账、管理费用多栏账、财务费用多栏账、营业外支出多栏账,查询装配车间制造费用多栏账,结果如图4-12所示。

图4-12 装配车间制造费用多栏账查询结果

(2) 总账会计填制记账凭证,根据核算要求录入辅助核算项目。
(3) 会计主管审核记账凭证或集中处理。

学习情境4.4 计算与结转完工产品成本和已售商品成本核算

业务60:1月30日,会计主管审核以上机制记账凭证,并在系统中履行记账职责。

业务61:1月30日,汇总产成品入库单,计算与结转完工产品成本。原始凭证参见附录单据4-25~单据4-33。

业务62:1月30日,会计主管审核以上机制记账凭证,并在系统中记账。总账会计进行期末销售成本转账定义。

业务63:1月30日,汇总产成品出库单,计算结转已售商品成本。原始凭证参见附录单据4-34。

【工作任务】

(1) 针对业务60~业务63,采用手工方式进行会计处理。
① 核算会计归集产品生产费用。
② 核算会计计算并结转完工产品成本。
③ 核算会计计算并结转已售商品成本。
(2) 针对业务60~业务63,采用电算化方式进行会计处理。
① 总账会计利用财务软件归集各产品生产费用,与手工数据核对一致。
② 总账会计进行期末转账定义并生成凭证。
③ 会计主管审核记账凭证并记账。

模块4 成本计算与核算

【操作指导】

业务60指导

会计主管登录系统,审核所有未审核的记账凭证并进行记账。

业务61指导

1. 手工账指导

(1) 原始凭证匹配思路。此业务涉及多张成本计算单,包括完成产品入库单汇总表、产品生产情况表、生产费用表和成本计算表等。

(2) 经济业务分析。企业内部会计核算制度第三条第九款(见学习情境1.3)规定:生产费用在完工产品与在产品之间的分配,采用"平行结转分步法",按"约当产量比例法"分配计入。为此需要按步骤分产品归集生产费用,以污水泵1.5kW产成品为例。在手工方式下可以从明细账中获取信息。按步骤分产品生产费用归集,如图4-13、图4-14所示。计算表见附录单据4-25~单据4-33。

生产成本——基本生产成本(机加工车间) 明细账

科目 污水泵1.5kW

2020年 月 日	凭证编号	摘要	借方	贷方	余额	借方分析 直接材料	直接人工	制造费用	其他
1 01		上年结转			820074	600000	120074	100000	
30 44		计提社会保险费	132781				132781		
30 45		计提工资费用	669784				669784		
30 46		计提工会经费	30141				30141		
30 50		转入材料成本	2321556			2321556			
30 52		转入制造费用	678748					678748	
		本月发生的费用合计	3833010			2321556	832706	678748	
		生产费用合计			4653084	2921556	952780	778748	
		结转完工产品成本							
		期末在产品成本							

图4-13 机加工车间生产成本明细账

生产成本——基本生产成本(装配车间)明细账

科目 污水泵1.5kW

2020年 月 日	凭证编号	摘要	借方	贷方	余额	借方分析 直接材料	直接人工	制造费用
1 01		上年结转			13000		80000	50000
30 44		计提社会保险费	94727				94727	
30 45		计提工资费用	451719				451719	
30 46		计提工会经费	20327				20327	
30 52		转入制造费用	432848					432848
		本月发生的费用合计	999621				566773	432848
		生产费用合计			1129621		646773	482848
		结转完工产品成本						
		期末在产品成本						

图4-14 装配车间生产成本明细账

完工产品成本的计算步骤如下：

$$\text{某步骤某项费用应计入产品成本单位费用分配率} = \frac{\text{该步骤该项费用期初在产品成本} + \text{本步骤该项费用本期发生额}}{\text{产成品数量} + \text{该步骤期末广义在产品约当产量}}$$

其中，期末广义在产品约当产量分别成本项目计算：

$$\text{某步骤分配材料费用的期末广义在产品约当产量} = \text{已经本步骤加工而留存以后各步骤（含半成品库）的月末半成品数量} + \text{本步骤期末在产品数量} \times \text{本步骤期末在产品投料程度}$$

$$\text{某步骤分配工资、制造费用的期末广义在产品约当产量} = \text{已经本步骤加工而留存以后各步骤（含半成品库）的月末半成品数量} + \text{本步骤期末在产品数量} \times \text{本步骤期末在产品加工程度}$$

$$\text{某步骤某项费用应计入产成品的份额} = \text{产成品的数量} \times \text{单位产成品需要该步骤半成品的数量} \times \text{该步骤该项费用应计入产成品单位费用分配率}$$

以污水泵 1.5kW 为例计算完工产品及在产品的成本。

➢ 机加工车间成本计算

  ◇ 直接材料成本

    机加工车间期末广义在产品约当产量＝7＋10×100％＝17(件)

    材料费用分配率＝29 215.56÷(59＋17)＝384.415 3(元/件)

    材料费用应计入产成品成本份额＝59×1×384.415 3＝22 680.50(元)

    期末广义在产品的材料费用＝29 215.56－22 680.50＝6 535.06(元)

  ◇ 直接人工成本计算

    机加工车间期末广义在产品约当产量＝7＋10×50％＝12(件)

    工资费用分配率＝9 527.80÷(59＋12)＝134.194 4(元/件)

    直接人工应计入产成品成本份额＝59×1×134.194 4＝7 917.47(元)

    期末广义在产品直接人工费用＝9 527.80－7 917.47＝1 610.33(元)

  ◇ 制造费用成本计算

    机加工车间期末广义在产品约当产量＝7＋10×50％＝12(件)

    制造费用分配率＝7 787.48÷(59＋12)＝109.682 8(元/件)

    制造费用应计入产成品成本份额＝59×1×109.682 8＝6 471.29(元)

    期末广义在产品制造费用＝7 787.48－6 471.29＝1 316.19(元)

➢ 装配车间成本计算

  ◇ 直接人工成本计算

    装配车间期末广义在产品约当产量＝7×50％＝3.5(件)

    工资费用分配率＝6 467.73÷(59＋3.5)＝103.483 7(元/件)

    直接人工应计入产成品成本份额＝59×1×103.483 7＝6 105.54(元)

    期末广义在产品直接人工费用＝6 467.73－6 105.54＝362.19(元)

  ◇ 制造费用成本计算

    装配车间期末广义在产品约当产量＝7×50％＝3.5(件)

    制造费用分配率＝4 828.48÷(59＋3.5)＝77.255 7(元/件)

    制造费用应计入产成品成本份额＝59×1×77.255 7＝4 558.09(元)

    期末广义在产品制造费用＝4 828.48－4 558.09＝270.39(元)

(3) 原始凭证审核。

① 审核生产费用归集是否正确。

② 审核完工产品成本计算是否正确。

③ 审核完工产品成本与在产品成本的钩稽关系是否正确。

④ 审核手工数据与电算化数据是否一致。

2. 电算账指导

(1) 查询各车间各种产品生产费用发生额及余额。

**操作步骤**

总账会计登录企业门户，单击"总账"/"账表"，打开"项目辅助账"/"项目明细账"/"项目多栏式明细账"，查询污水泵1.5kW机加工车间和装配车间的生产费用。如果未记账，请勾选"包含未记账凭证"复选框。结果如图4-15～图4-17所示。

图4-15　生产费用查询对话框

图4-16　污水泵1.5kW机加工车间生产费用

(2) 总账会计根据相关辅助信息录入凭证，结果如图4-18所示。

业务62指导

电算账指导

(1) 会计主管审核机制凭证并记账。

(2) 总账会计进行期末销售成本转账定义，定义结果如图4-19所示。

图 4-17 污水泵 1.5kW 装配车间生产费用

图 4-18 完工入库凭证

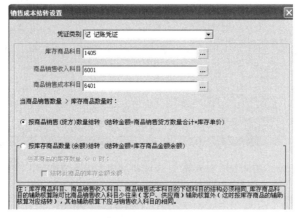

图 4-19 销售成本转账定义界面

业务 63 指导

1. 手工账指导

（1）原始凭证匹配思路。期末结转销售成本，涉及的原始凭证包括所有的商品出库单和发出商品汇总表。

(2)经济业务分析。首先,应计算发出商品的平均单位成本。本公司内部财务制度第二款第二条规定:各类存货均按实际成本核算,发出存货成本的计价按"月末一次加权平均法"。然后,汇总所有出库单,根据发货用途结转存货成本,将用于销售的商品成本转入"主营业务成本"科目。计算过程见附录单据4-34。

(3)原始凭证审核。

① 审核出库单汇总结果是否正确。

② 审核加权平均成本计算是否正确。

2. 电算账指导

(1)总账会计生成销售成本结转凭证。

(1)总账会计登录企业门户,单击"期末"/"转账生成",打开"转账生成"对话框,单击"销售成本结转"单选按钮,然后单击"确定"按钮,系统弹出"销售成本结转一览表"对话框,如图4-20所示。

图4-20 销售成本结转一览表

(2)单击"确定"按钮生成转账凭证,系统自动将当前凭证追加到未记账凭证中去,结果如图4-21所示。

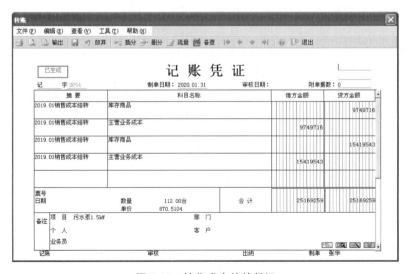

图4-21 销售成本结转凭证

(2)会计主管审核记账凭证或集中处理。

模块5　期末处理与会计报表编制

学习情境 5.1　期末处理

业务 64：1 月 31 日，查询"应交税费——应交增值税"科目余额，做出相应处理。
业务 65：1 月 31 日，计算本期应缴的各种税金，如城建税、教育费附加、地方教育费附加。
业务 66：1 月 31 日，库存现金盘点。原始凭证参见附录单据 4-35、单据 4-36。
业务 67：1 月 31 日，结转期间损益。

【工作任务】

(1) 针对业务 64～业务 67，采用手工方式进行会计处理。
① 核算会计计提城建税、教育费附加等。
② 总账会计对库存现金盘点报告单做出会计处理。
③ 总账会计结转期间损益。
④ 会计主管审核记账凭证。
(2) 针对业务 64～业务 67，采用电算化方式进行会计处理。
① 总账会计设置并生成期间损益结转凭证。
② 会计主管审核记账凭证并记账。

【操作指导】

业务 64 指导

1. 手工账指导

(1) 原始凭证匹配思路。此业务不需要进行原始凭证匹配。
(2) 经济业务分析。根据增值税会计核算办法要求，期末"应交税费——应交增值税"科目的贷方余额结转至"应交税费——未交增值税"科目；其借方科目余额仍留在"应交税费——应交增值税"科目，留待下月继续抵扣或做退库处理。财务人员月末查询科目余额进行处理。
(3) 原始凭证审核。审核增值税发票开具是否完整正确。

2. 电算账指导

总账会计设置增值税多栏账查询余额。

 操作步骤

（1）选择"账表"/"科目账"/"多栏账"命令，打开"多栏账设置"窗口，然后单击"增加"按钮，打开"多栏账定义"对话框，核算科目选择"应交税费——应交增值税"，单击"自动编制"按钮，再单击"选项"按钮，选择"分析栏目前置"调整科目的"借贷"方向，如图5-1所示。

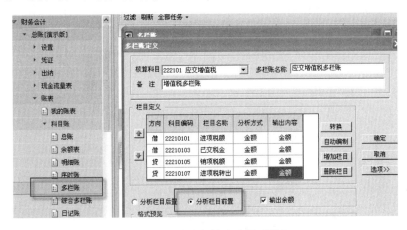

图 5-1 增值税多栏账设置对话框

（2）单击"确定"按钮，完成设置后返回"多栏账定义"界面。选中"应交增值税多栏账"，单击工具栏中的"查询"按钮，打开"多栏账查询"窗口，如图5-2所示。

凭证号数	摘要	借方 合计	进项税额	交税	未交税	贷方 合计	销项税额	税	方向	余额
记-0004	报销差费	312.00	312.00						借	312.00
记-0007	购汽油	130.00	130.00						借	442.00
记-0008	购买水	245.70	245.70						借	687.70
记-0009	购买电	1,093.95	1,093.95						借	1,781.65
记-0011	支付广告费	600.00	600.00						借	2,381.65
记-0015	购买办公用纸	104.00	104.00						借	2,485.65
记-0017	购原材料	133.90	133.90						借	2,619.55
记-0018	销售产品					2,275.00	2,275.00		借	344.55
记-0020	销售					4,550.00	4,550.00		贷	4,205.45
记-0021	持银行汇票购买原	883.00	883.00						贷	3,322.45
记-0022	销售收款					16,640.00	16,640.00		贷	19,962.45
记-0023	购原材料	2,756.00	2,756.00						贷	17,206.45
记-0024	销售					13,650.00	13,650.00		贷	30,856.45
记-0025	购入原材料在途	1,918.20	1,918.20						贷	28,938.25
记-0026	销售收取现金					910.00	910.00		贷	29,848.25
记-0027	销售收款					2,275.00	2,275.00		贷	32,123.25
记-0028	销售收到银行承兑					8,710.00	8,710.00		贷	40,833.25
记-0031	购买小轿车	15,185.84	15,185.84						贷	25,647.41
记-0032	变价收入					345.13	345.13		贷	25,992.54
记-0032	支付清理费	5.83	5.83						贷	25,986.71
记-0035	购买设备	26,045.00	26,045.00						借	58.29
记-0043	支付维修费	208.00	208.00						借	266.29
	当前合计	49,621.42	49,621.42			49,355.13	49,355.13		借	266.29
	当前累计	49,621.42	49,621.42			49,355.13	49,355.13		借	266.29

图 5-2 应交增值税查询结果

业务 65 指导

本月应交增值税为"借方"余额,该企业未涉及消费税,所以不需要缴纳城建税等。

业务 66 指导

1. 手工账指导

(1)原始凭证匹配思路。此业务涉及的原始单据有库存现金盘点报告单和库存现金盘点审批单。

(2)经济业务分析。首先,根据盘点报告单借记或贷记"待处理财产损益"科目,贷记或借记"库存现金"科目。然后再根据盘点审批单转入"营业外收入""其他应收款""管理费用"等科目。

(3)原始凭证审核。

① 审核会计科目是否正确。

② 审核原始凭证签章是否齐全。

2. 电算账指导

(1)总账会计在总账系统中直接填制记账凭证。

(2)会计主管审核记账凭证或集中处理。

业务 67 指导

1. 手工账指导

(1)原始凭证匹配思路。此业务涉及所有的损益账户数据,但不需要进行原始凭证的匹配。

(2)经济业务分析。结记各类账簿本期发生额及余额,将各类损益类账户的发生额转入"本年利润"科目,借记"主营业务收入""其他业务收入"等科目,贷记"本年利润"科目;借记"本年利润"科目,贷记"主营业务成本""税金及附加""销售费用""管理费用""财务费用""营业外支出"等科目。

(3)原始凭证审核。

① 审核转出与转入数据是否一致。

② 审核结转数据是否完整。

2. 电算账指导

(1)期间损益结转设置。

 操作步骤

(1)选择"期末"/"转账定义"/"期间损益"命令,打开"期间损益结转设置"对话框。

(2)凭证类别文本框选择"转账凭证",本年利润科目文本框选择"4103",设置结果如图 5-3 所示。

图 5-3 "期间损益结转设置"窗口

(3) 单击"确定"按钮,完成期间损益结转设置。
(2) 总账会计生成期间损益结转凭证。

 操作步骤

(1) 单击"期末"/"转账生成",打开"转账生成"对话框。单击"期间损益结转"单选按钮,"类型"选择"收入",如图 5-4 所示。

图 5-4 "转账生成"对话框

(2) 单击"确定"按钮,系统自动生成一张机制凭证,"保存"后系统自动将当前凭证追加到未记账凭证中去,如图 5-5 所示。

以此类推,"类型"选择"支出"进行费用结转,直至生成机制凭证(具体指导略)。

(3) 会计主管审核凭证并记账或集中处理。

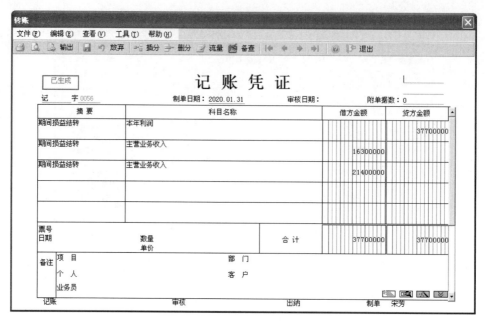

图 5-5 损益结转凭证

学习情境 5.2　会计报表编制

业务 68：1 月 31 日，编制利润表，包括手工账和电子账。手工方式下报表格式参见附录单据 4-37。

业务 69：1 月 31 日，编制资产负债表，包括手工账和电子账。手工方式下报表格式参见附录单据 4-38～单据 4-40。

业务 70：1 月 31 日，编制增值税申报表，包括主表、附表（一）、附表（二）。手工方式下报表格式参见附录单据 4-41～单据 4-43。

业务 71：打印、装订凭证。

【工作任务】

(1) 针对业务 68～业务 71，采用手工方式进行业务处理。

① 核算会计编制科目汇总表进行试算平衡。

② 总账会计制作利润表。

③ 总账会计制作资产负债表。

④ 总账会计完成增值税申报。

(2) 针对业务 68～业务 71，采用电算化方式进行业务处理。

① 总账会计查询科目汇总表，与手工科目汇总表核对一致。

② 账套主管(会计主管)设置利润表并生成报表数据。
③ 账套主管(会计主管)设置资产负债表并生成报表数据。

【操作指导】

业务 68 指导

1. 手工账指导

(1) 编制科目汇总表见附录单据 4-38。

(2) 利润表编制方法。财务报表列报准则规定,企业应当采用多步式列报利润表,将不同性质的收入和费用进行对比,从而可以得出一些中间性的利润数据,便于使用者理解企业经营成果的不同来源。一般企业利润表格式见附录单据 4-37。

① 利润表"本期金额"栏的填列方法。根据"主营业务收入""其他业务收入""主营业务成本""其他业务成本""税金及附加""销售费用""管理费用""财务费用""资产减值损失""公允价值变动收益""资产处置收益""营业外收入""营业外支出""所得税费用"等损益类科目的发生额分析填列。其中,"营业利润""利润总额""净利润"项目根据本表中相关项目计算填列。

② 利润表"上期金额"栏的填列方法。根据上年该期利润表"本期金额"栏内所列数字填列。如果上年该期利润表规定的各个项目的名称和内容同本期不一致,应对上年该期利润表各项目的名称和数字按本期的规定进行调整,填入"上期金额"栏。

2. 电算账指导

(1) 设置利润表模板。

操作步骤

(1) 创建空白表。账套主管登录企业门户,单击"财务会计"/"总账"/"UFO 报表",打开报表系统,单击"文件"/"新建"或单击新建图标，系统自动创建一个空白报表文件,文件名显示在标题栏中,为"report1",如图 5-6 所示。

(2) 调用报表模板。在格式状态下,单击"格式"/"报表模板",打开"报表模板"对话框,在"您所在的行业"中单击下拉列表,选择"2007 年新会计制度科目",在"财务报表"中单击下拉列表,选择"利润表",如图 5-7 所示。

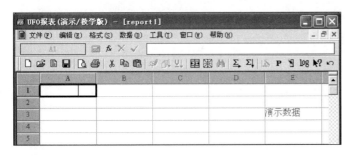
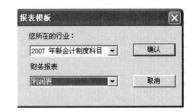

图 5-6　创建报表对话框　　　　　　图 5-7　报表模板对话框

(3) 设置关键字。将报表格式覆盖原表,然后选中 A3 单元,单击"数据"/"关键字"/"设置",打开"设置关键字"对话框,选择"单位名称",单击"确定"按钮。

(4) 完善单元公式。在函数向导下设置调整单元格公式。(略)

(2) 生成利润表数据。

 操作步骤

(1) 切换到"数据"状态录入关键字,如图 5-8 所示。然后进行表页计算,生成报表数据。

(2) 单击"保存"按钮,输出报表为"*.rep"格式,如图 5-9 所示。

图 5-8　录入关键字窗口　　　　　　　图 5-9　输出报表为"*.rep"格式

(3) 如果想把报表保存为"Excel"格式,单击左上角"文件"/"另存为"按钮,系统弹出另存为对话框,文件类型选择"Excel"格式,如图 5-10 所示。

(4) 单击"确定"按钮,系统弹出"是否同时将格式转换为 Excel?转换格式可能需要很长时间"对话框,如图 5-11 所示。单击"是"按钮,保存利润表为 Excel 格式。

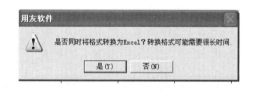

图 5-10　保存文件类型对话框　　　　　图 5-11　转换格式对话框

业务 69 指导

1. 手工账指导

(1) 科目汇总表编制,试算平衡。

(2) 资产负债表编制。

① 资产负债表"期末余额"栏的填列方法。根据总账科目的余额直接填列。"短期借

款""应付职工薪酬""应交税费""预计负债""实收资本(或股本)""资本公积""盈余公积"等行项目,应根据有关总账科目的余额填列。

有些项目则需根据几个总账科目的余额计算填列。"货币资金"行项目应根据"库存现金""银行存款""其他货币资金"三个总账科目余额的合计数填列;"固定资产"行项目应根据"固定资产"科目的期末余额减去"累计折旧"和"固定资产减值准备"科目的期末余额后的金额,以及"固定资产清理"科目的期末余额填列。

根据明细账科目的余额计算填列。"一年内到期的非流动资产""一年内到期的非流动负债"行项目应根据有关非流动资产或负债项目的明细科目余额分析填列;"长期借款""应付债券"行项目,应分别根据"长期借款""应付债券"科目的明细科目余额分析填列;"未分配利润"行项目应根据"利润分配"所属的"未分配利润"明细科目期末余额填列。

综合运用上述填列方法分析填列的内容主要包括:"应收账款"行项目应根据"应收账款"和"预收账款"科目所属各明细科目的期末借方余额合计数减去"坏账准备"科目中有关应收款项计提的坏账准备期末余额后的金额填列;"其他应收款"行项目应根据"应收利息""应收股利"和"其他应收款"科目的期末余额合计数减去"坏账准备"科目中相关坏账准备期末余额后的金额填列;"应付账款"行项目应根据"应付账款"和"预付账款"科目所属的相关明细科目的期末贷方余额合计数填列;"存货"行项目应根据"在途材料""原材料""发出商品""库存商品""周转材料""委托加工物资""生产成本""受托代销商品"等科目的期末余额合计减去"受托代销商品款""存货跌价准备"科目期末余额后的金额填列,材料采用计划成本核算及库存商品采用计划成本核算的企业,还应加或减成本差异。

② 资产负债表"年初余额"栏的填列方法。本表中的"年初余额"栏通常根据上年末有关项目的期末余额填列,且与上年末资产负债表"期末余额"栏相一致。

2. 电算账指导
(1) 设置资产负债表模板。

报表赋值公式设置

 操作步骤

(1) 调用报表模板。在格式状态下,单击"格式"/"报表模板",打开"报表模板"对话框,在"您所在的行业"中单击下拉列表,选择"2007年新会计制度科目",在"财务报表"中单击下拉列表,选择"资产负债表",如图 5-12 所示。

(2) 设置关键字。选中 A3 单元,设置关键字"单位名称";选中 B3 单元,设置关键字"年";选中 C3 单元,设置关键字"月"。

(3) 调整单元格公式。"存货"单元格公式注意包含"5001 生产成本"科目余额;"未分配利润"单元格公式注意包含"4103 本年利润"科目余额。

(4) 设置法人代表及制表人签章处。在格式状态下,选中末行,单击"编辑"/"追加"/"行",打开"追加行"对话框,选择追加"1"行,如图 5-13 所示。

(5) 选中适当单元格,输入项目内容"法人代表"和"制表人"姓名,如图 5-14 所示。

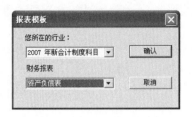

图 5-12 报表模板对话框

图 5-13 追加行对话框

31	无形资产	24	公式单元	公式单元	实收资本（或股本）	54	公式单元	公式单元
32	开发支出	25	公式单元	公式单元	资本公积	55	公式单元	公式单元
33	商誉	26	公式单元	公式单元	减：库存股	56	公式单元	公式单元
34	长期待摊费用	27	公式单元	公式单元	盈余公积	57	公式单元	公式单元
35	递延所得税资产	28	公式单元	公式单元	未分配利润	58	公式单元	公式单元
36	其他非流动资产	29			所有者权益（或股东权益）合计	59	公式单元	公式单元
37	非流动资产合计	30	公式单元	公式单元				
38	资产总计	31	公式单元	公式单元	负债和所有者权益(或股东权益)总计	60	公式单元	公式单元
39	法人代表：张天刚				制表人：张华			

图 5-14 追加行列窗口

（2）生成资产负债表数据（略）。

业务 70 指导

目前企业申报增值税均在网上实施，销项税是通过开票系统导入的；进项税是通过认证系统导入的。增值税申报表（主表）数据是根据附表数据自动生成的。

业务 71 指导

打印、装订凭证扫二维码见教学视频。

凭证打印设置

手工凭证装订

机打凭证装订

附录1　收、付款单据

单据 1-1

单据 1-2

借　款　单

2020年01月05日

部门名称	销售部		归还日期									
借款用途	展销会											
借款金额（大写）	陆仟元整		千	百	十	万	千	百	十	元	角	分
							¥ 6	0	0	0	0	0
总经理批示	同意 张天刚	部门经理 现金付讫 签字：齐伟			财务经理 签字：张华				借款人 签字：魏刚			

单据 1-3

收 据

2020 年 01 月 05 日

今收到： 报销差旅费垫款

人民币：（大写）壹仟零壹拾贰元整　　　　￥1 012.00

现金付讫

收款单位（人）签章：刘超

第二联　付款单位记账

单据 1-4

中国工商银行电子缴税付款凭证

缴税日期：2020 年 01 月 05 日　　　　　　凭证字号：2019010173332101

纳税人全称及纳税人识别号：91130102663689860A
付款人全称：石门市威力泵业有限责任公司
付款人账号：0759231477000123456　征收机关名称：河北省石门市尖岭区税务局
付款人开户银行：工商银行裕华支行　收缴国库（银行）名称：国家金库石门市尖岭区支库
小写（合计）金额：￥8 200.00　　缴款书交易流水号：13991004
大写（合计）金额：捌仟贰佰元整　　税票号码：139910041907388

税（费）种名称	所属时期	实缴金额(单位：元)
增值税	2019.12.01—2019.12.31	8 200.00

（中国工商银行股份有限公司石门市自助回单机专用章(005)）

第1次 打印　　　　　　打印时间：2020 年 01 月 05 日 10 时 25 分

客户回单联　　验证码：348AA88FF001　　复核：　　　　记账：

单据 1-5

 # 中国工商银行电子缴税付款凭证

缴税日期：2020 年 01 月 05 日　　　　　　　　凭证字号：2019010173332102

纳税人全称及纳税人识别号：91130102663689860A		
付款人全称：石门市威力泵业有限责任公司		
付款人账号：0759231477000123456	征收机关名称：河北省石门市尖岭区税务局	
付款人开户银行：工商银行裕华支行	收缴国库（银行）名称：国家金库石门市尖岭区支库	
小写（合计）金额：¥984.00	缴款书交易流水号：13991005	
大写（合计）金额：玖佰捌拾肆元整	税票号码：139910041907389	
税（费）种名称	所属时期	实缴金额
城市维护建设税	2019.12.01—2019.12.31	574.00
教育费附加	2019.12.01—2019.12.31	246.00
地方教育费附加	2019.12.01—2019.12.31	164.00
第1次打印	打印时间：2020年 01 月 05 日 10 时 26 分	
客户回单联　　验证码：348AA88FF005　　复核：　　　　记账：		

单据 1-6

中国工商银行
现金支票存根
10201310
03456102

附加信息

出票日期　2020 年 01 月 06 日
收款人：中石油开发区经销部
金额：¥1 130.00
用途：油费
单位主管　　　会计

单据 1-7

ICBC 中国工商银行

自助回单专用凭证　　　　　　　　　　业务回单（付款）

日期：2020 年 01 月 06 日
回单编号：18338000011
付款人户名：石门市威力泵业有限责任公司　　付款人开户行：工商银行裕华支行
付款人账号（卡号）：0759231477000123456
收款人户名：石门市自来水有限责任公司　　　收款人开户行：工商银行长安支行
收款人账号（卡号）：0899231477000123423
金额：贰仟玖佰柒拾伍元柒角整　　　　　　　小写：2 975.70 元
业务（产品）种类：汇划发报　凭证种类：00000000　凭证号码：0000000000000
交易机构：　　　记账柜员：　　　交易代码：　　　渠道：网上银行
用途：　　　汇出行：　　　汇出行名称：
汇入行：　　　指令编号：　　　提交人：
最终授权人：

本回单为第一次打印，注意重复　　打印日期：2020 年 01 月 06 日　打印柜员：6　验证码：B45B19536620

单据 1-8

ICBC 中国工商银行

自助回单专用凭证　　　　　　　　　　业务回单（付款）

日期：2020 年 01 月 06 日
回单编号：18338000021
付款人户名：石门市威力泵业有限责任公司　　付款人开户行：工商银行裕华支行
付款人账号（卡号）：0759231477000123456
收款人户名：石门市电力有限责任公司　　　　收款人开户行：建设银行裕华支行
收款人账号（卡号）：0729231477000123423
金额：玖仟伍佰零捌元玖角伍分　　　　　　　小写：9 508.95 元
业务（产品）种类：汇划发报　凭证种类：00000000　凭证号码：0000000000000
交易机构：　　　记账柜员：　　　交易代码：　　　渠道：网上银行
用途：　　　汇出行：　　　汇出行名称：
汇入行：　　　指令编号：　　　提交人：
最终授权人：

本回单为第一次打印，注意重复　　打印日期：2020 年 01 月 06 日　打印柜员：6　验证码：B45B19536622

单据 1-9

ICBC 中国工商银行

自助回单专用凭证　　　　　　　　　　　　　　业务回单（付款）

日期：2020 年 01 月 07 日

回单编号：18338000031

付款人户名：石门市威力泵业有限责任公司　　付款人开户行：工商银行裕华支行

付款人账号（卡号）：0759231477000123456

收款人户名：石门市京东大酒店　　　　　　　收款人开户行：工商银行开发区支行

收款人账号（卡号）：1122345688123356790

金额：壹仟陆佰贰拾壹元捌角整　　　　　　　小写：1 621.80 元

业务（产品）种类：汇划发报　　凭证种类：00000000　　凭证号码：0000000000000

交易机构：　　　记账柜员：　　　交易代码：　　　渠道：网上银行

用途：　　　汇出行：　　　汇出行名称：

汇入行：　　　指令编号：　　　提交人：

最终授权人：

本回单为第一次打印,注意重复　　打印日期:2020 年 01 月 07 日　打印柜员:6　验证码:B45B19536621

单据 1-10

ICBC 中国工商银行

自助回单专用凭证　　　　　　　　　　　　　　业务回单（付款）

日期：2020 年 01 月 07 日

回单编号：18338000041

付款人户名：石门市威力泵业有限责任公司　　付款人开户行：工商银行裕华支行

付款人账号（卡号）：0759231477000123456

收款人户名：石门市影视有限责任公司　　　　收款人开户行：建设银行裕华支行

收款人账号（卡号）：0728651477000123423

金额：壹万零陆佰元整　　　　　　　　　　　小写：10 600.00 元

业务（产品）种类：跨行发报　　凭证种类：00000000　　凭证号码：0000000000000

交易机构：　　　记账柜员：　　　交易代码：　　　渠道：网上银行

用途：　　　汇出行：　　　汇出行名称：

汇入行：　　　指令编号：　　　提交人：

最终授权人：

本回单为第一次打印,注意重复　　打印日期:2020 年 01 月 07 日　打印柜员:6　验证码:B45B19536623

单据1-11

中国工商银行 收费凭条
ICBC
2020年01月08日

付款人名称	石门市威力泵业有限责任公司	付款人账号								0759231477000123456	
服务项目（凭证种类）	数量	工本费	手续费	小 计						上述款项请从我账户中支付	记账联附件
				百	十万千百十元角分						
手续费			50				5	0	0		
合 计											
币种（大写）伍拾元整					¥	5	0	0	0		
				以下在购买凭证时填写							
领购人姓名				领购人证件类型							
				领购人证件号码							

记账：

单据1-12

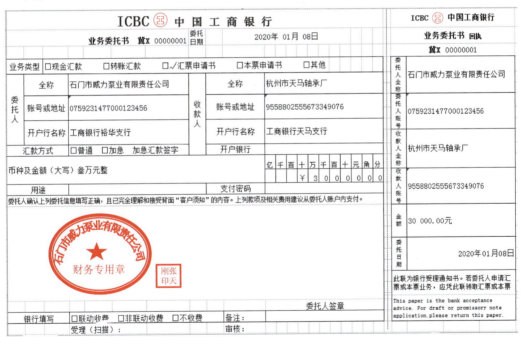

单据 1-13

中国工商银行 银行汇票

付款期限 壹个月

2 地名 BB 01 00183740

出票日期（大写）贰零贰零 年 零壹 月 零捌 日
代理付款行：工行天马支行 行号：
收款人：杭州市天马轴承厂 账号：9558802555673349076
出票金额 人民币（大写）叁万元整
实际结算金额 人民币（大写）
申请人：石门市威力泵业有限责任公司 账号：0759231477000123456
出票行：工行裕华支行 行号：
备注：
出票行签章：中国工商银行汇票专用章 1039894702 静王印美
密押：
多余金额 千百十万千百十元角分
复核 记账

此联代理付款行付款后作联行往账借方凭证附件

单据 1-14

中国工商银行 银行汇票 （解讫通知）

付款期限 壹个月

3 地名 BB 01 00183740

出票日期（大写）贰零贰零 年 零壹 月 零捌 日
代理付款行：工行天马支行 行号：
收款人：杭州市天马轴承厂 账号：9558802555673349076
出票金额 人民币（大写）叁万元整
实际结算金额 人民币（大写）
申请人：石门市威力泵业有限责任公司 账号：0759231477000123456
出票行：工行裕华支行 行号：
备注：
代理付款行签章
复核 经办
密押：
多余金额 千百十万千百十元角分
复核 记账

此联代理付款行兑付后随报单寄出票行由出票行作多余款贷方凭证

单据 1-15

ICBC 中国工商银行

自助回单专用凭证　　　　　　　　　　　　　业务回单（收款）

日期：2020 年 01 月 08 日
回单编号：18338000051
付款人户名：莱芜市污水处理厂　　　　　付款人开户行：建设银行莱芜市裕华支行
付款人账号（卡号）：6608558395631585689
收款人户名：石门市威力泵业有限责任公司　收款人开户行：工商银行裕华支行
收款人账号（卡号）：0759231477000123456
金额：柒万玖仟壹佰元整　　　　　　　　　小写：79 100.00 元
业务（产品）种类：跨行收报　　凭证种类：00000000　凭证号码：0000000000000
交易机构：　　　记账柜员：　　　交易代码：　　　渠道：其他
附言：
支付交易序号：　　报文种类：小额客户发起普通贷记业务　委托日期：2020 年 01 月 08 日

本回单为第一次打印，注意重复　打印日期：2020 年 01 月 08 日　打印柜员：6　验证码：B45B19536624

单据 1-16

ICBC 中国工商银行

自助回单专用凭证　　　　　　　　　　　　　业务回单（付款）

日期：2020 年 01 月 09 日
回单编号：18338000061
付款人户名：石门市威力泵业有限责任公司　付款人开户行：工商银行裕华支行
付款人账号（卡号）：0759231477000123456
收款人户名：石门市机械厂　　　　　　　　收款人开户行：建设银行东风路支行
收款人账号（卡号）：6608558395631585635
金额：壹拾壹万柒仟元整　　　　　　　　　小写：117 000.00 元
业务（产品）种类：汇划发报　凭证种类：00000000　凭证号码：0000000000000
交易机构：　　　记账柜员：　　　交易代码：　　　渠道：网上银行
用途：　　汇出行：　　交易出行名称：
汇入行：　　指令编号：　　提交人：
最终授权人：

本回单为第一次打印，注意重复　打印日期：2020 年 01 月 09 日　打印柜员：6　验证码：B45B19536825

单据 1-17

收 据

2020 年 01 月 09 日

今收到： 威力泵业购买办公用品款

人民币：（大写）玖佰零肆元整　　　￥904.00

　　　　　　　　　　收款单位：（章）

第二联　付款单位记账

单据 1-18

中国工商银行
转账支票存根
10201320
05412301

附加信息

出票日期　2020 年 01 月 09 日
收款人：威力泵业
金额：￥144 037.00
用途：发工资
单位主管　　　会计

单据 1-19

ICBC 中国工商银行

自助回单专用凭证　　　　　　　　　　　　　　业务回单（付款）

日期：2020 年 01 月 09 日

回单编号：18338000071

付款人户名：石门市威力泵业有限责任公司　　付款人开户行：工商银行裕华支行

付款人账号（卡号）：0759231477000123456

收款人户名：石门市韦尔化工有限公司　　　　收款人开户行：工商银行裕华支行

收款人账号（卡号）：0713231477000123411

金额：壹仟壹佰陆拾叁元玖角整　　　　　　　小写：1 163.90 元

业务（产品）种类：汇划发报　　凭证种类：00000000　　凭证号码：0000000000000

交易机构：　　　　记账柜员：　　　交易代码：　　　渠道：网上银行

用途：　　　汇出行：　　　汇出行名称：

汇入行：　　　指令编号：　　　提交人：

最终授权人：

本回单为第一次打印，注意重复　　打印日期：2020年01月09日　打印柜员：6　验证码：B45B19436626

单据 1-20

中国工商银行 进账单（收账通知）3

2020 年 01 月 09 日

出票人	全称	石门市异灵药业有限公司	收款人	全称	石门市威力泵业有限责任公司								
	账号	955886543559784529		账号	0759231477000123456								
	开户银行	工商银行西美支行		开户银行	工商银行裕华支行								
金额	人民币（大写）壹万玖仟柒佰柒拾伍元整		千	百	十	万	千	百	十	元	角	分
						1	9	7	7	5	0	0
票据种类	支票	票据张数	1									
票据号码												
	复核　　记账			收款人开户银行盖章								

此联是收款人开户银行交给收款人的收账通知

单据1-21

中国工商银行电子缴费付款凭证

转账日期：2020年01月10日　　　　　　　　　凭证字号：2019010173332120

纳税人全称及纳税人识别号：91130102663689860A	
付款人全称：石门市威力泵业有限责任公司	
付款人账号：0759231477000123456　　征收机关名称：河北省石门市尖岭区税务局	
付款人开户银行：工商银行裕华支行　　收缴国库（银行）名称：国家金库石门市尖岭区支库	
小写（合计）金额：￥11 685.00　　　　缴款书交易流水号：13991010	
大写（合计）金额：壹万壹仟陆佰捌拾伍元整　　税票号码：41304519010000221	

税（费）种名称	所属时期	实缴金额
基本养老保险	2020.01.01— 2020.01.31	11 280.00
失业保险	2020.01.01— 2020.01.31	405.00

第1次 打印　　　　　　　　打印时间：2020年01月10日10时18分

客户回单联　　验证码：348AA88FF006　　复核：　　记账：

单据1-22

中国工商银行电子缴费付款凭证

转账日期：2020年01月10日　　　　　　　　　凭证字号：2019010173332121

纳税人全称及纳税人识别号：91130102663689860A	
付款人全称：石门市威力泵业有限责任公司	
付款人账号：0759231477000123456　　征收机关名称：河北省石门市尖岭区税务局	
付款人开户银行：工商银行裕华支行　　收缴国库（银行）名称：国家金库石门市尖岭区支库	
小写（合计）金额：￥648.00　　　　缴款书交易流水号：13991011	
大写（合计）金额：陆佰肆拾捌元整　　税票号码：41304519010000222	

税（费）种名称	所属时期	实缴金额
工伤保险	2020.01.01— 2020.01.31	648.00

第1次 打印　　　　　　　　打印时间：2020年01月10日10时19分

客户回单联　　验证码：348AA88FF007　　复核：　　记账：

单据 1-23

中国工商银行电子缴费付款凭证

转账日期：2020 年 01 月 10 日　　　　　　凭证字号：2019010173332123

纳税人全称及纳税人识别号：91130102663689860A
付款人全称：石门市威力泵业有限责任公司
付款人账号：0759231477000123456　　征收机关名称：河北省石门市尖岭区税务局
付款人开户银行：工商银行裕华支行　　收缴国库（银行）名称：国家金库石门市尖岭区支库
小写（合计）金额：￥6 908.00　　　　缴款书交易流水号：13991012
大写（合计）金额：陆仟玖佰零捌元整　　　税票号码：41304519010000223

税（费）种名称	所属时期	实缴金额
基本医疗保险	2020.02.01— 2020.02.29	6 280.00
生育保险	2020.02.01— 2020.02.29	628.00

第 1 次 打印　　　　　　　　　　　　打印时间：2020 年 01 月 10 日 10 时 20 分

客户回单联　　验证码：348AA88FF008　　复核：　　记账：

单据 1-24

中国建设银行　中国建设银行单位客户专用回单　NO11810

币别：人民币　　2020 年 01 月 10 日　　流水号：30012019011101123456

付款人	全　称	石门市威力泵业有限责任公司	收款人	全　称	石门市住房公积金管理中心
	账　号	0756123000678905762		账　号	04020246920027300161
	开户行	建设银行开发区支行		开户行	工商银行裕华支行
金　额	（大写）肆仟伍佰壹拾捌元整			（小写）￥4 518.00	
凭证种类	电子转账凭证		凭证号码	253080	
结算方式	转账		用　途	公积金	

打印柜员：130625346001
打印机构：石门市信心东路支行
打印卡号：1306100001007088

打印时间：2020-01-10 9:40　　交易柜员：99999999　　交易机构：123456789

单据1-25

中国工商银行进账单（收账通知）3

2020 年 01 月 12 日

出票人	全称	石门市商贸有限责任公司	收款人	全称	石门市威力泵业有限责任公司									
	账号	869886543559784529		账号	0759231477000123456									
	开户银行	工商银行信合支行		开户银行	工商银行裕华支行									
金额	人民币（大写）叄万玖仟伍佰伍拾元整					千	百	十	万	千	百	十	元	角	分
								¥	3	9	5	5	0	0	0

| 票据种类 | 支票 | 票据张数 | 1 |
| 票据号码 | | | |

复核　记账

开户银行盖章（中国工商银行股份有限公司石门市裕华支行 业务专用章 936C66A1Q014）

此联是收款人开户银行交给收款人的收账通知

单据1-26

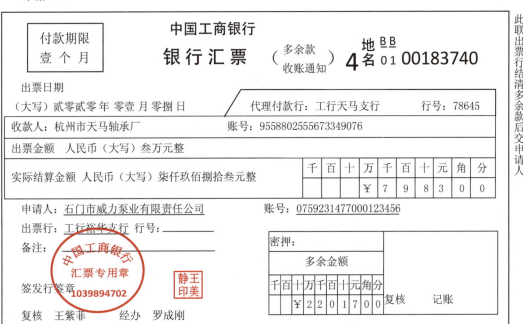

此联出票行结清多余款后交申请人

单据 1-27

ICBC 中国工商银行

自助回单专用凭证　　　　　　　　　　　　　　　业务回单（收款）

日期：2020 年 01 月 15 日
回单编号：18338000081
付款人户名：山西长治市商贸有限公司　　　付款人开户行：农业银行长治市支行
付款人账号（卡号）：04716001040126365
收款人户名：石门市威力泵业有限责任公司　收款人开户行：工商银行裕华支行
收款人账号（卡号）：07592314770000123456
金额：壹拾肆万肆仟陆佰肆拾元整　　　　　小写：144 640.00 元
业务（产品）种类：跨行收报　　凭证种类：00000000　凭证号码：0000000000000
交易机构：　　　记账柜员：　　交易代码：　　渠道：其他

附言：
支付交易序号：　　报文种类：小额客户发起普通贷记业务　　委托日期：2020 年 01 月 15 日

本回单为第一次打印,注意重复　打印日期:2020年01月15日　打印柜员:6　验证码:B45B19536627

单据 1-28

ICBC 中国工商银行

自助回单专用凭证　　　　　　　　　　　　　　　业务回单（付款）

日期：2020 年 01 月 16 日
回单编号：18338000091
付款人户名：石门市威力泵业有限责任公司　付款人开户行：工商银行裕华支行
付款人账号（卡号）：07592314770000123456
收款人户名：中山市永强机械厂　　　　　　收款人开户行：农业银行开发区支行
收款人账号（卡号）：42267560067634020273
金额：叁仟玖佰伍拾陆元整　　　　　　　　小写：3 956.00 元
业务（产品）种类：汇划发报　　凭证种类：00000000　凭证号码：0000000000000
交易机构：　　　记账柜员：　　交易代码：　　渠道：网上银行
用途：　　汇出行：　　汇出行名称：
汇入行：　　指令编号：　　提交人：
最终授权人：

本回单为第一次打印,注意重复　打印日期:2020年01月16日　打印柜员:6　验证码:B45B19536820

单据 1-29

ICBC 中国工商银行

自助回单专用凭证　　　　　　　　　　　　　业务回单（收款）

日期：2020 年 01 月 16 日
回单编号：18338000092
付款人户名：大庆市商贸有限公司　　　　付款人开户行：中国银行开发区支行
付款人账号（卡号）：1702004157 06558878
收款人户名：石门市威力泵业有限责任公司　　收款人开户行：工商银行裕华支行
收款人账号（卡号）：0759231477000123456
金额：壹拾壹万捌仟陆佰伍拾元整　　　　小写：118 650.00 元
业务（产品）种类：跨行收报　　凭证种类：00000000　　凭证号码：0000000000000
交易机构：　　记账柜员：　　交易代码：　　渠道：其他
附言：
支付交易序号：　　报文种类：小额客户发起普通贷记业务　　委托日期：2020 年 01 月 16 日

本回单为第一次打印,注意重复　　打印日期:2020年01月16日　打印柜员:6　验证码:B45B19536628

单据 1-30

ICBC 中国工商银行

自助回单专用凭证　　　　　　　　　　　　　业务回单（付款）

日期：2020 年 01 月 17 日
回单编号：18338000093
付款人户名：石门市威力泵业有限责任公司　　付款人开户行：工商银行裕华支行
付款人账号（卡号）：0759231477000123456
收款人户名：太原市电器有限公司　　　　收款人开户行：工商银行迎泽支行
收款人账号（卡号）：0713231477000112345
金额：壹万柒仟零玖拾捌元贰角整　　　　小写：17 098.20 元
业务（产品）种类：汇划发报　　凭证种类：00000000　　凭证号码：000000000000
交易机构：　　记账柜员：　　交易代码：　　渠道：网上银行
用途：　　汇出行：　　汇出行名称：
汇入行：　　指令编号：　　提交人：
最终授权人：

本回单为第一次打印,注意重复　　打印日期:2020年01月17日　打印柜员:6　验证码:B45B19536629

单据1-31

ICBC 中国工商银行

自助回单专用凭证　　　　　　　　　　　　业务回单（付款）

日期：2020年01月17日
回单编号：18338000094
付款人户名：石门市威力泵业有限责任公司　　　付款人开户行：工商银行裕华支行
付款人账号（卡号）：0759231477000123456
收款人户名：　　　　　　　　　　　　　　　收款人开户行：
收款人账号（卡号）：
金额：伍拾元整　　　　　　　　　　　　　　小写：50.00元
业务（产品）种类：对公收费　　凭证种类：00000000　凭证号码：0000000000000
交易机构：　　　　　记账柜员：　　　交易代码：　　　渠道：批量收费
用途：人民币对公账户服务　　费用名称：对公账户维护费

本回单为第一次打印,注意重复　　打印日期:2020年01月17日　打印柜员:6　验证码:B45B19536630

单据1-32

石门市威力泵业有限责任公司
专 用 收 款 收 据
2020年 01月 18日　　　　NO:0040602

今收到：　石门市兄弟纸业有限公司
交来：　水泵款
人民币：（大写）　柒仟玖佰壹拾元整　　　¥7910.00

收款单位：（章）　　收款人：王悦　　交款人：刘超

第一联 收款单位记账

单据 1-33

```
中国工商银行
转账支票存根
10201320
05412302

附加信息
_____

出票日期  2020 年 01 月 19 日
收款人：顺丰物流
金额：￥872.00
用途：代垫运费

单位主管        会计
```

单据 1-34

中国工商银行进账单（收账通知）3

2020 年 01 月 19 日

付款人	全称	定州市污水处理厂	收款人	全称	石门市威力泵业有限责任公司
	账号	9708558395631585678		账号	0759231477000123456
	开户银行	工商银行定州中华支行		开户银行	工商银行裕华支行

金额	人民币（大写）贰万零陆佰肆拾柒元整	千	百	十万	千	百	十	元	角	分
				￥	2	0	6	4	7	0	0

票据种类	银行汇票	票据张数	2	
票据号码				

复核   记账   收款人开户银行盖章

此联是收款人开户银行交给收款人的收账通知

单据 1-35

单据 1-36（正面）

电 子 银 行 承 兑 汇 票																	
出票日期		2020-01-21				票据状态	质押已签收										
汇票到期日		2020-04-21				票据号码	1 10212100084 100877654 2										
出票人	全称		郑州市农机有限公司			收票人	全称	石门市威力泵业有限责任公司									
	账号		968937565675768456				账号	0759231477000123456									
	开户银行		中国银行郑州市中华路支行				开户银行	中国工商银行石门裕华支行									
出票保证信息	保证人姓名：			保证人地址：		保证人日期：										
票据金额	人民币（大写）		壹拾叁万伍仟伍佰壹拾捌元整				十亿	千	百	十万	千	百	十	元	角	分
											￥1	3	5	5	1	8	0	0
承兑人信息	全称		中国工商银行石门市裕华支行			开户行行号	900122004567									
	账号		0			开户行名称	中国工商银行石门市裕华支行									
交易合同号						承兑信息	出票人承诺：本汇票信息请予以承兑，到期无条件付款									
能否转让	可转让					承兑人承诺：本汇票已经承兑，到期无条件付款									
						承兑日期									
承兑保证信息	保证人姓名：			保证人地址：		保证人日期：										
评级信息（由出票人、承兑人自己记载，仅供参考）	出票人	评级主体：				信用等级：										
	承兑人	评级主体：				信用等级：										
备注																

单据 1-36（背面）

电 子 银 行 承 兑 汇 票

票据号码	
转让背书	
背书人名称	
被背书人名称	
不得转让标记	
背书日期	
转让背书	
背书人名称	
被背书人名称	
不得转让标记	
背书日期	
转让背书	
背书人名称	
被背书人名称	
不得转让标记	
背书日期	

单据1-37

ICBC 中国工商银行

自助回单专用凭证　　　　　　　　　业务回单（收款）

日期：2020年01月21日
回单编号：143500000021
付款人户名：　　　　　　　　　　　付款人开户行：
付款人账号（卡号）：
收款人户名：石门市威力泵业有限责任公司　　收款人开户行：工商银行裕华支行
收款人账号（卡号）：0759231477000123456
金额：柒佰捌拾元伍角五分　　　　　　小写：￥780.55元
业务（产品）种类：利息入账　　凭证种类：000000000　　凭证号码：0000000000000000
摘要：利息　　　用途：　　　　　　　　　　　　　　　　币种：人民币
交易机构：0040200238　记账柜员：00001　交易代码：60012　渠道：其他渠道
起息日期：2019-12-21　止息日期：2020-01-20　利率：0.350000%　利息：780.55
计息账户账号：0759231477000123456

打印状态：正常　　打印日期：2020年01月22日　　打印柜员9　　验证码：63829183475

单据1-38

ICBC 中国工商银行　　现金存款凭条

币种：□人民币□　　2020年 01月 23日　流水号：

单位填写	收款单位	石门市威力泵业有限责任公司	交款人	王悦									
	账（卡）号	0759231477000123456	款项来源	销货款									
	金额（大写）壹万元整				千	百	十	万	千	百	十	元	角	分
								￥	1	0	0	0	0	0
银行确认	交易日期：20200123　币种：人民币元			操作流水号：									
	收款单位：石门市威力泵业有限责任公司			936C66A1Q014									
	账（卡）号：0759231477000123456		金额：￥10 000.00										
	现金回单（无银行打印记录及银行签章此单无效）												

主管：　　　　授权：　　　　复核：　　　　经办：

单据 1-39

中国工商银行
转账支票存根
10201320
05412304

附加信息

出票日期　2020 年 01 月 25 日
收款人：骏达汽贸
金额：￥132 000.00
用途：购车款
单位主管　　　会计

单据 1-40

中国工商银行电子缴税付款凭证

缴税日期：2020年01月25日　　　　　凭证字号：2019010173332101

纳税人全称及纳税人识别号：91130102663689860A	
付款人全称：石门市威力泵业有限责任公司	
付款人账号：0759231477000123456　　征收机关名称：河北省石门市尖岭区税务局	
付款人开户银行：工商银行裕华支行　收缴国库（银行）名称：国家金库石门市尖岭区支库	
小写（合计）金额：￥11 681.42　　　　缴款书交易流水号：13981013	
大写（合计）金额：壹万壹仟陆佰捌拾壹元肆角贰分　　税票号码：01211965	

税（费）种名称	所属时期	实缴金额（单位：元）
车辆购置税	2020.01.01—2020.01.31	11 681.42

第 1 次 打印　　　　　　打印时间：2020 年 01 月 25 日 09 时 25 分
客户回单联　　　验证码：348AA88FF009　　复核：　　　记账：

单据 1-41

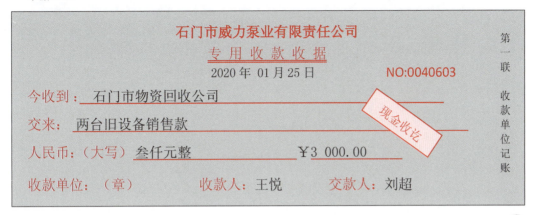

单据 1-42

单据 1-43

单据1-44

中国建设银行　中国建设银行单位客户专用回单 NO：10223

币别：人民币　　　2020年01月26日　　　流水号：13306151234567890000

户名：石门市威力泵业有限责任公司	账号：075612300678905762	
项目名称	工本费/转账汇款手续费/手续费	金额
收费	20.00	20.00
合计金额　（大写）贰拾元整		￥20.00
付款方式：转账 业务类型：查询与补单、补制回单 摘要：收费	打印柜员：13061580000 2 打印机构：石门宇宙支行支行 打印卡号：11110000	

本回单可通过建行对公自助设备或建行网站校验真伪

单据1-45

ICBC 中国工商银行

自助回单专用凭证　　　　　　　　　　　　　业务回单（付款）

日期：2020 年 01 月 26 日
回单编号：18338000094
付款人户名：石门市威力泵业有限责任公司　　付款人开户行：工商银行裕华支行
付款人账号（卡号）：0759231477000123456
收款人户名：广州市机器制造有限公司　　　　收款人开户行：工商银行新华支行
收款人账号（卡号）：9558802555673349276
金额：壹拾柒万陆仟伍佰肆拾伍元整　　　　　小写：176 545.00 元
业务（产品）种类：汇划发报　　凭证种类：00000000　凭证号码：0000000000000
交易机构：　　　　记账柜员：　　交易代码：　　渠道：网上银行
用途：　　　　　　汇出行：　　　汇出行名称：
汇入行：　　　　　指令编号：　　提交人：
最终授权人：

本回单为第一次打印,注意重复　打印日期:2020 年 01 月 26 日　打印柜员:6　验证码:B45B19536631

单据 1-46

中国工商银行 进账单（收账通知）3

2020 年 01 月 28 日

付款人	全称	石门市新华泵业有限公司	收款人	全称	石门市威力泵业有限责任公司
	账号	0759231477000123458		账号	0759231477000123456
	开户银行	工商银行桥西支行		开户银行	工商银行裕华支行

金额	人民币 （大写）贰万捌仟元整	千	百	十	万	千	百	十	元	角	分
					￥2	8	0	0	0	0	0

票据种类	转账支票	票据张数	1
票据号码			

复核　　　　记账　　　　　　　　　　收款人开户银行盖章

此联是收款人开户银行交给收款人的收账通知

单据 1-47

中国工商银行
转账支票存根
10201320
05412305

附加信息

出票日期　2020 年 01 月 28 日
收款人：甜甜食品公司
金额：￥42 940.00
用途：支付货款
单位主管　　　会计

单据 1-48

中国工商银行
转账支票存根
10201320
05412306

附加信息

出票日期　2020 年 01 月 30 日
收款人：先锋配件厂
金额：￥1 808.00
用途：维修材料款
单位主管　　　会计

附录2　出、入库单据

单据2-1

收　料　单

2020 年 01 月 09 日　　　　　　　　　0002201

仓库名称：材料库

材料名称及规格	单位	数量		金额				供应者名称
		应收	实收	单价	金额	运杂费	合计	
煤油	桶	10	10					石门市韦尔化工
机油	桶	10	10					
黄油	桶	10	10					
合　计								

保管员：李霞　　　　仓库负责人：　　　　采购员（或经办人）：周雨

第二联记账

单据2-2

成 品 出 库 单

2020 年 01 月 09 日　　　　　　　　　0002601

仓库名称：成品库

产品名称规格	计量单位	数量		金额		用途及收货单位
		请发	实发	单位成本	总成本	
污水泵 1.5kW	台	5	5			销售
污水泵 4.0kW	台	5	5			石门市异灵药业有限公司
合　计						

保管员：李霞　　　　仓库负责人：　　　　销售员（经办人）：齐伟

第二联记账

单据2-3

成 品 出 库 单

2020 年 01 月 12 日　　　　　　　　　0002602

仓库名称：成品库

产品名称规格	计量单位	数量		金额		用途及收货单位
		请发	实发	单位成本	总成本	
污水泵 1.5kW	台	10	10			销售
污水泵 4.0kW	台	10	10			石门市商贸公司
合　计						

保管员：李霞　　　　仓库负责人：　　　　销售员（经办人）：齐伟

第二联记账

单据 2-4

领 料 单

仓库名称：材料库　　　2020 年 01 月 05 日　　　0002301

材料名称及规格	计量单位	请领数量	实发数量	总成本		领料部门及用途
				单位成本	金额	
线包 1.5kW	包	20	20			机加工车间 用于生产污水泵 1.5kW
转子 1.5kW	个	20	20			
电机盖 1.5kW	个	20	20			
电机壳 1.5kW	个	20	20			
合　计						

车间负责人：　　　　领料人：张波　　　仓库负责人：　　　保管员：李霞

第二联记账

单据 2-5

领 料 单

仓库名称：材料库　　　2020 年 01 月 05 日　　　0002302

材料名称及规格	计量单位	请领数量	实发数量	总成本		领料部门及用途
				单位成本	金额	
中承座 1.5kW	个	20	20			机加工车间 用于生产污水泵 1.5kW
泵体 1.5kW	个	20	20			
叶轮 1.5kW	个	20	20			
合　计						

车间负责人：　　　　领料人：张波　　　仓库负责人：　　　保管员：李霞

第二联记账

单据 2-6

领 料 单

仓库名称：材料库　　　2020 年 01 月 06 日　　　0002303

材料名称及规格	计量单位	请领数量	实发数量	总成本		领料部门及用途
				单位成本	金额	
泵盖 1.5kW	个	20	20			机加工车间 用于生产污水泵 1.5kW
滤底座 1.5kW	个	20	20			
轴承 HRB6205	个	20	20			
合　计						

车间负责人：　　　　领料人：张波　　　仓库负责人：　　　保管员：李霞

第二联记账

单据 2-7

领 料 单

仓库名称：材料库　　　2020 年 01 月 06 日　　　0002304

材料名称及规格	计量单位	请领数量	实发数量	总成本		领料部门及用途
				单位成本	金额	
轴承 HRB6304	个	20	20			机加工车间 用于生产污水泵 1.5kW
机封 $\phi 20$	个	20	20			
电缆 3*1+1	个	20	20			
合　计						

车间负责人：　　　　领料人：张波　　　仓库负责人：　　　保管员：李霞

第二联记账

单据 2-8

领 料 单

仓库名称：材料库　　　　2020 年 01 月 06 日　　　　　　　　　　0002305

材料名称及规格	计量单位	请领数量	实发数量	总成本		领料部门及用途
				单位成本	金额	
线包 4.0kW	包	20	20			机加工车间 用于生产污水泵 4.0kW
转子 4.0kW	个	20	20			
电机盖 4.0kW	个	20	20			
电机壳 4.0kW	个	20	20			
合　计						

第二联记账

车间负责人：　　　　　领料人：张波　　　　仓库负责人：　　　　保管员：李霞

单据 2-9

领 料 单

仓库名称：材料库　　　　2020 年 01 月 06 日　　　　　　　　　　0002306

材料名称及规格	计量单位	请领数量	实发数量	总成本		领料部门及用途
				单位成本	金额	
中承座 4.0kW	个	20	20			机加工车间 用于生产污水泵 4.0kW
泵体 4.0kW	个	20	20			
叶轮 4.0kW	个	20	20			
合　计						

第二联记账

车间负责人：　　　　　领料人：张波　　　　仓库负责人：　　　　保管员：李霞

单据 2-10

领 料 单

仓库名称：材料库　　　　2020 年 01 月 06 日　　　　　　　　　　0002307

材料名称及规格	计量单位	请领数量	实发数量	总成本		领料部门及用途
				单位成本	金额	
泵盖 4.0kW	个	20	20			机加工车间 用于生产污水泵 4.0kW
滤底座 4.0kW	个	20	20			
轴承 HRB6306	个	20	20			
合　计						

第二联记账

车间负责人：　　　　　领料人：张波　　　　仓库负责人：　　　　保管员：李霞

单据 2-11

领 料 单

仓库名称：材料库　　　　2020 年 01 月 06 日　　　　　　　　　　0002308

材料名称及规格	计量单位	请领数量	实发数量	总成本		领料部门及用途
				单位成本	金额	
轴承 HRB6408	个	20	20			机加工车间 用于生产污水泵 4.0kW
机封 φ30	个	20	20			
电缆 3＊2.5＋1	个	20	20			
合　计						

第二联记账

车间负责人：　　　　　领料人：张波　　　　仓库负责人：　　　　保管员：李霞

单据 2-12 领　料　单
仓库名称：材料库　　　2020 年 01 月 06 日　　　0002309

材料名称及规格	计量单位	请领数量	实发数量	总成本		领料部门及用途
				单位成本	金额	
螺栓	个	80	80			机加工车间
螺母	个	80	80			用于生产污水泵 1.5kW
螺栓	个	80	80			机加工车间
螺母	个	80	80			用于生产污水泵 4.0kW
合　计						

车间负责人：　　　领料人：张波　　　仓库负责人：　　　保管员：李霞

第二联记账

单据 2-13 领　料　单
仓库名称：材料库　　　2020 年 01 月 06 日　　　0002310

材料名称及规格	计量单位	请领数量	实发数量	总成本		领料部门及用途
				单位成本	金额	
煤油	桶	2	2			机加工车间
机油	桶	2	2			一般耗用
黄油	桶	2	2			
合　计						

车间负责人：　　　领料人：张波　　　仓库负责人：　　　保管员：李霞

第二联记账

单据 2-14 领　料　单
仓库名称：材料库　　　2020 年 01 月 06 日　　　0002311

材料名称及规格	计量单位	请领数量	实发数量	总成本		领料部门及用途
				单位成本	金额	
煤油	桶	2	2			装配车间
机油	桶	2	2			一般耗用
黄油	桶	2	2			
合　计						

车间负责人：　　　领料人：张波　　　仓库负责人：　　　保管员：李霞

第二联记账

单据 2-15 领　料　单
仓库名称：材料库　　　2020 年 01 月 06 日　　　0002312

材料名称及规格	计量单位	请领数量	实发数量	总成本		领料部门及用途
				单位成本	金额	
工具	件	1	1			机加工车间
手套	打	1	1			一般耗用
工具	件	1	1			装配车间
手套	打	1	1			一般耗用
合　计						

车间负责人：　　　领料人：张波　　　仓库负责人：　　　保管员：李霞

第二联记账

单据 2-16

成 品 入 库 单

仓库名称：成品库　　　　2020 年 01 月 07 日　　　　　　0002501

产品名称规格	计量单位	数量		金额		送验单位
		送验	实收	单位成本	实际成本	
污水泵 1.5kW	台	10	10			装配车间
污水泵 4.0kW	台	10	10			
合　计						

保管员：李霞　　　　　仓库负责人：　　　　　　送交人：王平

第二联记账

单据 2-17

成 品 入 库 单

仓库名称：成品库　　　　2020 年 01 月 10 日　　　　　　0002502

产品名称规格	计量单位	数量		金额		送验单位
		送验	实收	单位成本	实际成本	
污水泵 1.5kW	台	8	8			装配车间
污水泵 4.0kW	台	8	8			
合　计						

保管员：李霞　　　　　仓库负责人：　　　　　　送交人：王平

第二联记账

单据 2-18

成 品 入 库 单

仓库名称：成品库　　　　2020 年 01 月 12 日　　　　　　0002503

产品名称规格	计量单位	数量		金额		送验单位
		送验	实收	单位成本	实际成本	
污水泵 1.5kW	台	9	9			装配车间
污水泵 4.0kW	台	9	9			
合　计						

保管员：李霞　　　　　仓库负责人：　　　　　　送交人：王平

第二联记账

单据 2-19

收　料　单

仓库名称：材料库　　　　2020 年 01 月 15 日　　　　　　0002202

材料名称及规格	单位	数量		金额				供应者名称
		应收	实收	单价	金额	运杂费	合计	
轴承 HRB6205	个	100	100					杭州市天马轴承厂
轴承 HRB6304	个	100	100					
轴承 HRB6306	个	100	100					
轴承 HRB6408	个	100	100					
合　计								

保管员：李霞　　　　仓库负责人：　　　　采购员（或经办人）：周雨

第二联记账

单据2-20

成 品 出 库 单

仓库名称：成品库　　　　　　2020年01月15日　　　　　　　　　　　　　0002603

产品名称规格	计量单位	数量		金额		用途及收货单位
		请发	实发	单位成本	总成本	
污水泵 1.5kW	台	40	40			销售
污水泵 4.0kW	台	40	40			长治市商贸公司
合　计						

保管员：李霞　　　　　　仓库负责人：　　　　　　销售员（经办人）：齐伟

第二联记账

单据2-21

收　料　单

仓库名称：材料库　　　　　　2020年01月17日　　　　　　　　　　　　　0002203

材料名称及规格	单位	数量		金额				供应者名称
		应收	实收	单价	金额	运杂费	合计	
中承座 1.5kW	个	100	100					中山市永强机械厂
中承座 4.0kW	个	100	100					
泵体 1.5kW	个	100	100					
泵体 4.0kW	个	100	100					
合　计								

保管员：李霞　　　　　　仓库负责人：　　　　　　采购员（或经办人）：周雨

第二联记账

单据2-22

成 品 出 库 单

仓库名称：成品库　　　　　　2020年01月16日　　　　　　　　　　　　　0002604

产品名称规格	计量单位	数量		金额		用途及收货单位
		请发	实发	单位成本	总成本	
污水泵 1.5kW	台	30	30			销售
污水泵 4.0kW	台	30	30			大庆市商贸公司
合　计						

保管员：李霞　　　　　　仓库负责人：　　　　　　销售员（经办人）：齐伟

第二联记账

单据2-23

成 品 出 库 单

仓库名称：成品库　　　　　　2020年01月18日　　　　　　　　　　　　　0002605

产品名称规格	计量单位	数量		金额		用途及收货单位
		请发	实发	单位成本	总成本	
污水泵 1.5kW	台	2	2			销售
污水泵 4.0kW	台	2	2			兄弟纸业
合　计						

保管员：李霞　　　　　　仓库负责人：　　　　　　销售员（经办人）：齐伟

第二联记账

单据 2-24

成 品 出 库 单

仓库名称：成品库　　　　　　　2020 年 01 月 19 日　　　　　　　　　　　0002606

产品名称规格	计量单位	数量		金额		用途及收货单位
		请发	实发	单位成本	总成本	
污水泵 1.5kW	台	5	5			销售
污水泵 4.0kW	台	5	5			定州污水厂
合　计						

保管员：李霞　　　　　　仓库负责人：　　　　　　销售员（经办人）：齐伟

第二联记账

单据 2-25

领 料 单

仓库名称：材料库　　　　　　　2020 年 01 月 15 日　　　　　　　　　　　0002313

材料名称及规格	计量单位	请领数量	实发数量	总成本		领料部门及用途
				单位成本	金额	
线包 1.5kW	包	20	20			机加工车间
转子 1.5kW	个	20	20			用于生产污水泵 1.5kW
电机盖 1.5kW	个	20	20			
电机壳 1.5kW	个	20	20			
合　计						

车间负责人：　　　　　　领料人：张波　　　　　　仓库负责人：　　　　　　保管员：李霞

第二联记账

单据 2-26

领 料 单

仓库名称：材料库　　　　　　　2020 年 01 月 15 日　　　　　　　　　　　0002314

材料名称及规格	计量单位	请领数量	实发数量	总成本		领料部门及用途
				单位成本	金额	
中承座 1.5kW	个	20	20			机加工车间
泵体 1.5kW	个	20	20			用于生产污水泵 1.5kW
叶轮 1.5kW	个	20	20			
合　计						

车间负责人：　　　　　　领料人：张波　　　　　　仓库负责人：　　　　　　保管员：李霞

第二联记账

单据 2-27

领 料 单

仓库名称：材料库　　　　　　　2020 年 01 月 16 日　　　　　　　　　　　0002315

材料名称及规格	计量单位	请领数量	实发数量	总成本		领料部门及用途
				单位成本	金额	
泵盖 1.5kW	个	20	20			机加工车间
滤底座 1.5kW	个	20	20			用于生产污水泵 1.5kW
轴承 HRB6205	个	20	20			
合　计						

车间负责人：　　　　　　领料人：张波　　　　　　仓库负责人：　　　　　　保管员：李霞

第二联记账

单据 2-28

领 料 单

仓库名称：材料库　　　　　　　2020 年 01 月 16 日　　　　　　　0002316

材料名称及规格	计量单位	请领数量	实发数量	总成本		领料部门及用途
				单位成本	金额	
轴承 HRB6304	个	20	20			机加工车间 用于生产污水泵1.5kW
机封 φ20	个	20	20			
电缆 3＊1＋1	个	20	20			
合　计						

车间负责人：　　　　　领料人：张波　　　　　仓库负责人：　　　　　保管员：李霞

第二联记账

单据 2-29

领 料 单

仓库名称：材料库　　　　　　　2020 年 01 月 17 日　　　　　　　0002317

材料名称及规格	计量单位	请领数量	实发数量	总成本		领料部门及用途
				单位成本	金额	
线包 4.0kW	包	20	20			机加工车间 用于生产污水泵4.0kW
转子 4.0kW	个	20	20			
电机盖 4.0kW	个	20	20			
电机壳 4.0kW	个	20	20			
合　计						

车间负责人：　　　　　领料人：张波　　　　　仓库负责人：　　　　　保管员：李霞

第二联记账

单据 2-30

领 料 单

仓库名称：材料库　　　　　　　2020 年 01 月 17 日　　　　　　　0002318

材料名称及规格	计量单位	请领数量	实发数量	总成本		领料部门及用途
				单位成本	金额	
中承座 4.0kW	个	20	20			机加工车间 用于生产污水泵4.0kW
泵体 4.0kW	个	20	20			
叶轮 4.0kW	个	20	20			
合　计						

车间负责人：　　　　　领料人：张波　　　　　仓库负责人：　　　　　保管员：李霞

第二联记账

单据 2-31

领 料 单

仓库名称：材料库　　　　　　　2020 年 01 月 17 日　　　　　　　0002319

材料名称及规格	计量单位	请领数量	实发数量	总成本		领料部门及用途
				单位成本	金额	
泵盖 4.0kW	个	20	20			机加工车间 用于生产污水泵4.0kW
滤底座 4.0kW	个	20	20			
轴承 HRB6306	个	20	20			
合　计						

车间负责人：　　　　　领料人：张波　　　　　仓库负责人：　　　　　保管员：李霞

第二联记账

单据 2-32

领 料 单

仓库名称：材料库　　　　　2020 年 01 月 17 日　　　　　　　　　　0002320

材料名称及规格	计量单位	请领数量	实发数量	总成本		领料部门及用途
				单位成本	金额	
轴承 HRB6408	个	20	20			机加工车间 用于生产污水泵 4.0kW
机封 ϕ30	个	20	20			
电缆 3＊2.5＋1	个	20	20			
合　计						

车间负责人：　　　　　　领料人：张波　　　　仓库负责人：　　　　　保管员：李霞

第二联记账

单据 2-33

领 料 单

仓库名称：材料库　　　　　2020 年 01 月 17 日　　　　　　　　　　0002321

材料名称及规格	计量单位	请领数量	实发数量	总成本		领料部门及用途
				单位成本	金额	
螺栓	个	80	80			机加工车间 用于生产污水泵 1.5kW
螺母	个	80	80			
螺栓	个	80	80			机加工车间 用于生产污水泵 4.0kW
螺母	个	80	80			
合　计						

车间负责人：　　　　　　领料人：张波　　　　仓库负责人：　　　　　保管员：李霞

第二联记账

单据 2-34

成 品 入 库 单

仓库名称：成品库　　　　　2020 年 01 月 15 日　　　　　　　　　　0002504

产品名称规格	计量单位	数量		金额		送验单位
		送验	实收	单位成本	实际成本	
污水泵 1.5kW	台	8	8			装配车间
污水泵 4.0kW	台	8	8			
合　计						

保管员：李霞　　　　　　仓库负责人：　　　　　　　　　　送交人：王平

第二联记账

单据 2-35

成 品 入 库 单

仓库名称：成品库　　　　　2020 年 01 月 17 日　　　　　　　　　　0002505

产品名称规格	计量单位	数量		金额		送验单位
		送验	实收	单位成本	实际成本	
污水泵 1.5kW	台	7	7			装配车间
污水泵 4.0kW	台	7	7			
合　计						

保管员：李霞　　　　　　仓库负责人：　　　　　　　　　　送交人：王平

第二联记账

单据2-36

成 品 入 库 单

仓库名称：成品库　　　　2020年01月19日　　　　　　　　　0002506

产品名称规格	计量单位	数 量		金 额		送验单位
		送验	实收	单位成本	实际成本	
污水泵 1.5kW	台	5	5			装配车间
污水泵 4.0kW	台	5	5			
合　计						

保管员：李霞　　　　　仓库负责人：　　　　　　送交人：王平

第二联记账

单据2-37

成 品 出 库 单

仓库名称：成品库　　　　2020年01月20日　　　　　　　　　0002607

产品名称规格	计量单位	数 量		金 额		用途及收货单位
		请发	实发	单位成本	总成本	
污水泵 1.5kW	台	20	20			销售 郑州市农机有限公司
污水泵 4.0kW	台	20	20			
合　计						

保管员：李霞　　　　　仓库负责人：　　　　　销售员（经办人）：齐伟

第二联记账

单据2-38

收 料 单

仓库名称：材料库　　　　2020年01月23日　　　　　　　　　0002204

材料名称及规格	单位	数 量		金 额				供应者名称
		应收	实收	单价	金额	运杂费	合计	
泵盖 1.5kW	个	100	100					淄博任增磨具磨料有限公司
泵盖 4.0kW	个	100	100					
滤底座 1.5kW	个	100	100					
滤底座 4.0kW	个	100	100					
合　计								

保管员：李霞　　　　　仓库负责人：　　　　　采购员（或经办人）：周雨

第二联记账

单据2-39

固定资产核验单

　　　　　　　　　　　　2020年01月25日　　　　　　　　　070701

固定资产名称	型号		计量单位	数量	供货单位		
东风雪铁龙	CAM7155B6		辆	1	河北骏达汽车贸易有限公司		
成本费用	设备款	车辆购置税	安装费	运费	其他	合计/元	预计年限	净残值率
	116 814.16	11 681.42				128 495.58	4	5%
验收意见	合格		验收人签章	王勇	保管使用人	孙杰	

单据 2-40

固定资产清理报废单

日期：2020 年 01 月 25 日　　　　　编号：20170101

单位	石门市威力泵业有限责任公司					使用单位		机加工车间		
名称及型号	单位	数量	原始价值	已提折旧	净值	预提使用年限	实际使用年限	支付清理费	收回变价收入	清理净损益
机加工设备	台	2	20 000.00	4 623.71	15 376.29			194.17	2 654.87	
制造单位			出厂号		制造年限		申请报废原因	次品率高，性能差		

设备主管领导：　　　　财务部门负责人：　　　　设备管理部门负责人：张波

单据 2-41

固定资产验收单

2020 年 01 月 26 日　　　　　　　　　　　　　070702

固定资产名称		型号		计量单位		数量		供货单位		
数控机床		HRA010		台		1		广州市机器制造有限公司		
成本费用	设备款		购置税	安装费	运费		其他	合计/元	预计年限	净残值率
	200 000.00				500.00			200 500.00	10	5%
验收意见		合格		验收人签章		王勇		保管使用人		孙杰

单据 2-42

收　料　单

2020 年 01 月 26 日　　　　　　　　　　　　　0002205

仓库名称：材料库

材料名称及规格	单位	数量		金额				供应者名称
		应收	实收	单价	金额	运杂费	合计	
线包 1.5kW	包	100	100					太原市电器有限公司
转子 1.5kW	个	100	100					
机封 ø20	个	100	100					
电缆 3*1+1	个	100	100					
合　计								

第二联记账

保管员：李霞　　　　仓库负责人：　　　　采购员（或经办人）：周雨

单据 2-43

领　料　单

2020 年 01 月 15 日　　　　　　　　　　　　　0002322

仓库名称：材料库

材料名称及规格	计量单位	请领数量	实发数量	总成本		领料部门及用途
				单位成本	金额	
线包 1.5kW	包	15	15			机加工车间用于生产污水泵 1.5kW
转子 1.5kW	个	15	15			
电机盖 1.5kW	个	15	15			
电机壳 1.5kW	个	15	15			
合　计						

第二联记账

车间负责人：　　　领料人：张波　　　仓库负责人：　　　保管员：李霞

单据 2-44

领 料 单

仓库名称：材料库　　　　　2020 年 01 月 15 日　　　　　　　　　　0002323

材料名称及规格	计量单位	请领数量	实发数量	总成本		领料部门及用途
				单位成本	金额	
中承座 1.5kW	个	15	15			机加工车间 用于生产污水泵 1.5kW
泵体 1.5kW	个	15	15			
叶轮 1.5kW	个	15	15			
合　计						

车间负责人：　　　　领料人：张波　　　　仓库负责人：　　　　保管员：李霞

第二联记账

单据 2-45

领 料 单

仓库名称：材料库　　　　　2020 年 01 月 16 日　　　　　　　　　　0002324

材料名称及规格	计量单位	请领数量	实发数量	总成本		领料部门及用途
				单位成本	金额	
泵盖 1.5kW	个	15	15			机加工车间 用于生产污水泵 1.5kW
滤底座 1.5kW	个	15	15			
轴承 HRB6205	个	15	15			
合　计						

车间负责人：　　　　领料人：张波　　　　仓库负责人：　　　　保管员：李霞

第二联记账

单据 2-46

领 料 单

仓库名称：材料库　　　　　2020 年 01 月 16 日　　　　　　　　　　0002325

材料名称及规格	计量单位	请领数量	实发数量	总成本		领料部门及用途
				单位成本	金额	
轴承 HRB6304	个	15	15			机加工车间 用于生产污水泵 1.5kW
机封 $\phi 20$	个	15	15			
电缆 3＊1＋1	个	15	15			
合　计						

车间负责人：　　　　领料人：张波　　　　仓库负责人：　　　　保管员：李霞

第二联记账

单据 2-47

领 料 单

仓库名称：材料库　　　　　2020 年 01 月 17 日　　　　　　　　　　0002326

材料名称及规格	计量单位	请领数量	实发数量	总成本		领料部门及用途
				单位成本	金额	
线包 4.0kW	包	12	12			机加工车间 用于生产污水泵 4.0kW
转子 4.0kW	个	12	12			
电机盖 4.0kW	个	12	12			
电机壳 4.0kW	个	12	12			
合　计						

车间负责人：　　　　领料人：张波　　　　仓库负责人：　　　　保管员：李霞

第二联记账

单据 2-48

领 料 单

仓库名称：材料库　　　　2020 年 01 月 17 日　　　　0002327

材料名称及规格	计量单位	请领数量	实发数量	总成本		领料部门及用途
				单位成本	金额	
中承座 4.0kW	个	12	12			机加工车间 用于生产污水泵 4.0kW
泵体 4.0kW	个	12	12			
叶轮 4.0kW	个	12	12			
合　计						

车间负责人：　　　　领料人：张波　　　　仓库负责人：　　　　保管员：李霞

第二联记账

单据 2-49

领 料 单

仓库名称：材料库　　　　2020 年 01 月 17 日　　　　0002328

材料名称及规格	计量单位	请领数量	实发数量	总成本		领料部门及用途
				单位成本	金额	
泵盖 4.0kW	个	12	12			机加工车间 用于生产污水泵 4.0kW
滤底座 4.0kW	个	12	12			
轴承 HRB6306	个	12	12			
合　计						

车间负责人：　　　　领料人：张波　　　　仓库负责人：　　　　保管员：李霞

第二联记账

单据 2-50

领 料 单

仓库名称：材料库　　　　2020 年 01 月 17 日　　　　0002329

材料名称及规格	计量单位	请领数量	实发数量	总成本		领料部门及用途
				单位成本	金额	
轴承 HRB6408	个	12	12			机加工车间 用于生产污水泵 4.0kW
机封 $\phi 30$	个	12	12			
电缆 3*2.5+1	个	12	12			
合　计						

车间负责人：　　　　领料人：张波　　　　仓库负责人：　　　　保管员：李霞

第二联记账

单据 2-51

领 料 单

仓库名称：材料库　　　　2020 年 01 月 17 日　　　　0002330

材料名称及规格	计量单位	请领数量	实发数量	总成本		领料部门及用途
				单位成本	金额	
螺栓	个	60	60			机加工车间 用于生产污水泵 1.5kW
螺母	个	60	60			
螺栓	个	48	48			机加工车间 用于生产污水泵 4.0kW
螺母	个	48	48			
合　计						

车间负责人：　　　　领料人：张波　　　　仓库负责人：　　　　保管员：李霞

第二联记账

单据 2-52

成 品 入 库 单

仓库名称：成品库　　　　　　2020 年 01 月 24 日　　　　　　0002507

产品名称规格	计量单位	数　量		金　额		送验单位
		送验	实收	单位成本	实际成本	
污水泵 1.5kW	台	7	7			装配车间
污水泵 4.0kW	台	7	7			
合　计						

保管员：李霞　　　　　　仓库负责人：　　　　　　送交人：王平

单据 2-53

成 品 入 库 单

仓库名称：成品库　　　　　　2020 年 01 月 29 日　　　　　　0002508

产品名称规格	计量单位	数　量		金　额		送验单位
		送验	实收	单位成本	实际成本	
污水泵 1.5kW	台	5	5			装配车间
合　计						

保管员：李霞　　　　　　仓库负责人：　　　　　　送交人：王平

附录3　购、销业务发票

单据 3-1

单据 3-2

单据 3-3

44001621 30 广东增值税专用发票 NO 00774103 4400162130

00774103

发 票 联　　　开票日期：2020 年 01 月 04 日

购买方	名称：石门市威力泵业有限责任公司 纳税人识别号：91130102663689860A 地址、电话：石门市开发区 36 号 0311-85327456 开户行及账号：工商银行裕华支行 0759231477000123456	密码区	/56+75)+79*86967/987< 加密版本：01 786><7078976<+*8->876 75786544775 <++*9897*5<76+?98575- 089557783

货物或应税劳务、服务名称	规格型号	单位	数量	单价	金额	税率	税额
住宿费			1	1 600.00	1 600.00	6%	96.00
合计					¥1 600.00		¥96.00

价税合计（大写）	⊗ 壹仟陆佰玖拾陆元整	（小写）1 696.00

销售方	名称：中山市朝阳快捷酒店 纳税人识别号：91442000577933312B 地址、电话：中山市朝阳路 50 号 0760-23305555 开户行及账号：农业银行开发区支行 4226756006763400073	备注	（中山市朝阳快捷酒店 发票专用章）

收款人：　　　复核：　　　开票人：王琳　　　销售方：（章）

单据 3-4

1300162130 河北增值税专用发票 NO 00684601 1300162130

成品油　　　　　　　　　　　　　　　　　　00684601

抵 扣 联　　　开票日期：2020 年 01 月 06 日

购买方	名称：石门市威力泵业有限责任公司 纳税人识别号：91130102663689860A 地址、电话：石门市开发区 36 号 0311-85327456 开户行及账号：工商银行裕华支行 0759231477000123456	密码区	/56+75)+79*86967/987< 加密版本：01 786><7078976<+*8->876 75786544775 <++*9897*5<76+?98575- 089557783

货物或应税劳务、服务名称	规格型号	单位	数量	单价	金额	税率	税额
汽油	95号	升	125	8.00	1 000.00	13%	130.00
合计					¥1 000.00		¥130.00

价税合计（大写）	⊗ 壹仟壹佰叁拾元整	（小写）1 130.00

销售方	名称：中国石油石门分公司开发区经销部 纳税人识别号：91130103563689862K 地址、电话：石门市开发区高岭路 19 号 开户行及账号：工商银行开发区支行 1122345688123356778	备注	开发区加油站 IC卡加油 冀 A W625E （中国石油石门分公司开发区经销部 911301035636898 62K 发票专用章）

收款人：　　　复核：　　　开票人：王梅　　　销售方：（章）

单据 3-5

河北增值税专用发票 NO 00684601

1300162130 00684601

成品油　发票联　开票日期：2020 年 01 月 06 日

购买方	名称：石门市威力泵业有限责任公司 纳税人识别号：91130102663689860A 地址、电话：石门市开发区 36 号 0311-85327456 开户行及账号：工商银行裕华支行 0759231477000123456	密码区	/56+75)+79*86967/987<　　加密版本：01 786)<7078976<+*8-)876　　75786544775 <++*9897*5<76+?98575-　　089557783

货物或应税劳务、服务名称	规格型号	单位	数量	单价	金额	税率	税额
汽油	95号	升	125	8.00	1 000.00	13%	130.00
合计					￥1 000.00		￥130.00

价税合计（大写）	⊗壹仟壹佰叁拾元整	（小写）1 130.00

销售方	名称：中国石油石门分公司开发区经销部 纳税人识别号：91130103563689862K 地址、电话：石门市开发区高岭路 19 号 开户行及账号：工商银行开发区支行 1122345688123356778	备注	开发区加油站 IC 卡加油 冀 A W625E　冀 A W227B

收款人：　　　复核：　　　开票人：王梅　　　销售方：（章）

单据 3-6

河北增值税专用发票 NO 00674801

1300163130 00674801

抵扣联　开票日期：2020 年 01 月 06 日

购买方	名称：石门市威力泵业有限责任公司 纳税人识别号：91130102663689860A 地址、电话：石门市开发区 36 号 0311-85327456 开户行及账号：工商银行裕华支行 0759231477000123456	密码区	/56+75)+79*86967/987<　　加密版本：01 786)<7078976<+*8-)876　　75786544775 <++*9897*5<76+?98575-　　089557783

货物或应税劳务、服务名称	规格型号	单位	数量	单价	金额	税率	税额
水费		吨	2 100	1.30	2 730.00	9%	245.70
合计					￥2 730.00		￥245.70

价税合计（大写）	⊗贰仟玖佰柒拾伍元柒角整	（小写）2 975.70

销售方	名称：石门市自来水有限责任公司 纳税人识别号：91130102670986122M 地址、电话：石门市裕华东路 8 号 0311-85456456 开户行及账号：工商银行长安支行 0899231477000123423	备注	

收款人：　　　复核：　　　开票人：张华　　　销售方：（章）

单据 3-7

河北增值税专用发票 NO 00674801 1300163130

1300163130   00674801

发票联　　　　　　开票日期：2020 年 01 月 06 日

购买方	名　称：石门市威力泵业有限责任公司 纳税人识别号：91130102663689860A 地址、电话：石门市开发区 36 号 0311-85327456 开户行及账号：工商银行裕华支行 0759231477000123456	密码区	/56+75)+79*86967/987< 786><7078976<+*8->876 <++*9897*5<76+?98575-	加密版本：01 75786544775 089557783
货物或应税劳务、服务名称	规格型号	单位	数量	单价	金额	税率	税额
水费		吨	2 100	1.30	2 730.00	9%	245.70
合计					￥2 730.00		￥245.70
价税合计（大写）	⊗ 贰仟玖佰柒拾伍元柒角整				（小写）2 975.70		
销售方	名　称：石门市自来水有限责任公司 纳税人识别号：91130102670986122M 地址、电话：石门市裕华东路 8 号 0311-85456456 开户行及账号：工商银行长安支行 0899231477000123423	备注	石门市自来水有限责任公司 911301026709861222M 发票专用章	

收款人：　　　复核：　　　开票人：张华　　　销售方：（章）

第三联：发票联　购买方记账凭证

单据 3-8

河北增值税专用发票 NO 00674901 1300162130

1300162130   00674901

抵扣联　　　　　　开票日期：2020 年 01 月 05 日

购买方	名　称：石门市威力泵业有限责任公司 纳税人识别号：91130102663689860A 地址、电话：石门市开发区 36 号 0311-85327456 开户行及账号：工商银行裕华支行 0759231477000123456	密码区	/56+75)+79*86967/987< 786><7078976<+*8->876 <++*9897*5<76+?98575-	加密版本：01 75786544775 089557783
货物或应税劳务、服务名称	规格型号	单位	数量	单价	金额	税率	税额
电费		度	9 900	0.85	8 415.00	13%	1 093.95
合计					￥8 415.00		￥1 093.95
价税合计（大写）	⊗ 玖仟伍佰零捌元玖角伍分				（小写）9 508.95		
销售方	名　称：石门市电力有限责任公司 纳税人识别号：91130102670989854Y 地址、电话：石门市裕华东路 20 号 0311-85456123 开户行及账号：建设银行裕华支行 0729231477000123423	备注	石门市电力有限责任公司 91130102670989854Y 发票专用章	

收款人：　　　复核：　　　开票人：刘林　　　销售方：（章）

第二联：抵扣联　购买方扣税凭证

单据 3-9

河北增值税专用发票 NO 00674901 1300162130
00674901
发票联
开票日期：2020 年 01 月 05 日

购买方	名称：石门市威力泵业有限责任公司 纳税人识别号：91130102663689860A 地址、电话：石门市开发区 36 号 0311-85327456 开户行及账号：工商银行裕华支行 0759231477000123456	密码区	/56+75>+79*86967/987<　加密版本：01 786><7078976<+*8->876　75786544775 <++*9897*5<76+?98575-　089557783

货物或应税劳务、服务名称	规格型号	单位	数量	单价	金额	税率	税额
电费		度	9 900	0.85	8 415.00	13%	1 093.95
合计					￥8 415.00		￥1 093.95

价税合计（大写）	⊗玖仟伍佰零捌元玖角伍分　（小写）9 508.95

销售方	名称：石门市电力有限责任公司 纳税人识别号：91130102670989854Y 地址、电话：石门市裕华东路 20 号 0311-85456123 开户行及账号：建设银行裕华支行 0729231477000123423	备注	（石门市电力有限责任公司 91130102670989854Y 发票专用章）

收款人：　　复核：　　开票人：刘林　　销售方：（章）

单据 3-10

河北增值税专用发票 NO 00684801 1300162320
00684801
发票联
开票日期：2020 年 01 月 05 日

购买方	名称：石门市威力泵业有限责任公司 纳税人识别号：91130102663689860A 地址、电话：石门市开发区 36 号 0311-85327456 开户行及账号：工商银行裕华支行 0759231477000123456	密码区	/56+75>+79*86967/987<　加密版本：01 786><7078976<+*8->876　75786544775 <++*9897*5<76+?98575-　089557783

货物或应税劳务、服务名称	规格型号	单位	数量	单价	金额	税率	税额
餐费			1	1 530.00	1 530.00	6%	91.80
合计					￥1 530.00		￥91.80

价税合计（大写）	⊗壹仟陆佰贰拾壹元捌角整　（小写）1 621.80

销售方	名称：石门市京东大酒店 纳税人识别号：91130103563689860Z 地址、电话：石门市开发区高岭路 18 号 开户行及账号：工商银行开发区支行 1122345688123356790	备注	（石门市京东大酒店 91130103563689860Z 发票专用章）

收款人：　　复核：　　开票人：魏强　　销售方：（章）

单据 3-11

河北增值税专用发票

NO 00674201 1300162130
00674201

抵扣联 开票日期：2020 年 01 月 07 日

购买方	名称：石门市威力泵业有限责任公司 纳税人识别号：91130102663689860A 地址、电话：石门市开发区 36 号 0311-85327456 开户行及账号：工商银行裕华支行 0759231477000123456	密码区	/56+75>+79*86967/987< 加密版本：01 786><7078976<+*8->876 75786544775 <++*9897*5<76+?98575- 089557783

货物或应税劳务、服务名称	规格型号	单位	数量	单价	金额	税率	税额
广告费			1	10 000.00	10 000.00	6%	600.00
合计					￥10 000.00		￥600.00

价税合计（大写） ⊗壹万零陆佰元整 （小写）10 600.00

销售方	名称：石门市影视有限责任公司 纳税人识别号：91130102670912300G 地址、电话：石门市裕华东路 05 号 0311-85900123 开户行及账号：建设银行裕华支行 0728651477000123423	备注	（石门市影视有限责任公司 91130102670912300G 发票专用章）

收款人：　　复核：　　开票人：胡杨　　销售方：（章）

第二联：抵扣联 购买方扣税凭证

单据 3-12

河北增值税专用发票

NO 00674201 1300162130
00674201

发票联 开票日期：2020 年 01 月 07 日

购买方	名称：石门市威力泵业有限责任公司 纳税人识别号：91130102663689860A 地址、电话：石门市开发区 36 号 0311-85327456 开户行及账号：工商银行裕华支行 0759231477000123456	密码区	/56+75>+79*86967/987< 加密版本：01 786><7078976<+*8->876 75786544775 <++*9897*5<76+?98575- 089557783

货物或应税劳务、服务名称	规格型号	单位	数量	单价	金额	税率	税额
广告费			1	10 000.00	10 000.00	6%	600.00
合计					￥10 000.00		￥600.00

价税合计（大写） ⊗壹万零陆佰元整 （小写）10 600.00

销售方	名称：石门市影视有限责任公司 纳税人识别号：91130102670912300G 地址、电话：石门市裕华东路 05 号 0311-85900123 开户行及账号：建设银行裕华支行 0728651477000123423	备注	（石门市影视有限责任公司 91130102670912300G 发票专用章）

收款人：　　复核：　　开票人：胡杨　　销售方：（章）

第三联：发票联 购买方记账凭证

单据 3-13

河北增值税专用发票

NO 00674301　1300162130

00674301

抵扣联　　开票日期：2020 年 01 月 09 日

购买方	名称：石门市威力泵业有限责任公司 纳税人识别号：91130102663689860A 地址、电话：石门市开发区 36 号 0311-85327456 开户行及账号：工商银行裕华支行 0759231477000123456	密码区	/56+75)+79*86967/987<　加密版本： 786><7078976<+*8->876　7578654477 <++*9897*5<76+?98575-　089557783

货物或应税劳务、服务名称	规格型号	单位	数量	单价	金额	税率	税额
打印纸		箱	5	160.00	800.00	13%	104.00
合计					¥800.00		¥104.00

价税合计（大写）	⊗玖佰零肆元整	（小写）904.00

销售方	名称：石门市晨光文具有限责任公司 纳税人识别号：91130102670912789L 地址、电话：石门市中山路 17 号 0311-85900456 开户行及账号：建设银行中山支行 0728651477000123789	备注	（石门市晨光文具有限责任公司 91130102670912789L 发票专用章）

收款人：　　复核：　　开票人：李烨　　销售方：（章）

单据 3-14

河北增值税专用发票

NO 00674301　1300162130

00674301

发票联　　开票日期：2020 年 01 月 09 日

购买方	名称：石门市威力泵业有限责任公司 纳税人识别号：91130102663689860A 地址、电话：石门市开发区 36 号 0311-85327456 开户行及账号：工商银行裕华支行 0759231477000123456	密码区	/56+75)+79*86967/987<　加密版本：01 786><7078976<+*8->876　75786544775 <++*9897*5<76+?98575-　089557783

货物或应税劳务、服务名称	规格型号	单位	数量	单价	金额	税率	税额
打印纸		箱	5	160.00	800.00	13%	104.00
合计					¥800.00		¥104.00

价税合计（大写）	⊗玖佰零肆元整	（小写）904.00

销售方	名称：石门市晨光文具有限责任公司 纳税人识别号：91130102670912789L 地址、电话：石门市中山路 17 号 0311-85900456 开户行及账号：建设银行中山支行 0728651477000123789	备注	（石门市晨光文具有限责任公司 91130102670912789L 发票专用章）

收款人：　　复核：　　开票人：李烨　　销售方：（章）

单据 3-15

1300162130　河北增值税专用发票　NO 00684301　1300162130

00684301

抵扣联　　开票日期：2020 年 01 月 09 日

购买方	名　称：石门市威力泵业有限责任公司 纳税人识别号：91130102663689860A 地址、电话：石门市开发区36号0311-85327456 开户行及账号：工商银行裕华支行0759231477000123456	密码区	/56+75>+79*86967/987< 786><7078976<+*8->876 <++*9897*5<76+?98575-	加密版本： 7578654477 089557783

货物或应税劳务、服务名称	规格型号	单位	数量	单价	金额	税率	税额
煤油		桶	10	22.00	220.00	13%	28.60
机油		桶	10	45.00	450.00	13%	58.50
黄油		桶	10	36.00	360.00	13%	46.80
合计					¥1 030.00		¥133.90

价税合计（大写）	⊗壹仟壹佰陆拾叁元玖角整	（小写）1 163.90

销售方	名　称：石门市韦尔化工有限公司 纳税人识别号：91130102670977722K 地址、电话：石门市裕华东路6号0311-85451478 开户行及账号：工商银行裕华支行0713231477000123411	备注	（发票专用章）

收款人：　　　复核：　　　开票人：尚琳　　　销售方：（章）

第二联：抵扣联　购买方扣税凭证

单据 3-16

1300162130　河北增值税专用发票　NO 00684301　1300162130

00684301

发票联　　开票日期：2020 年 01 月 09 日

购买方	名　称：石门市威力泵业有限责任公司 纳税人识别号：91130102663689860A 地址、电话：石门市开发区 36 号 0311-85327456 开户行及账号：工商银行裕华支行0759231477000123456	密码区	/56+75>+79*86967/987< 786><7078976<+*8->876 <++*9897*5<76+?98575-	加密版本： 757865447 089557783

货物或应税劳务、服务名称	规格型号	单位	数量	单价	金额	税率	税额
煤油		桶	10	22.00	220.00	13%	28.60
机油		桶	10	45.00	450.00	13%	58.50
黄油		桶	10	36.00	360.00	13%	46.80
合计					¥1 030.00		¥133.90

价税合计（大写）	⊗壹仟壹佰陆拾叁元玖角整	（小写）1 163.90

销售方	名　称：石门市韦尔化工有限公司 纳税人识别号：91130102670977722K 地址、电话：石门市裕华东路 6 号 0311-85451478 开户行及账号：工商银行裕华支行0713231477000123411	备注	（发票专用章）

收款人：　　　复核：　　　开票人：尚琳　　　销售方：（章）

第三联：发票联　购买方记账凭证

单据 3-17

河北增值税专用发票

1300162130　　NO 00674821　1300162130
00674821

此联不作报销、抵税凭证使用　　开票日期：2020 年 01 月 09 日

购买方	名　　称：石门市异灵药业有限公司 纳税人识别号：91130782205614578X 地　址、电　话：石门市槐安东路 10 号 0311-59456030 开户行及账号：工商银行西美支行 955886543559784529	密码区	/56+75>+79*86967/987<　加密版本：01 786><7078976<+*8->876　75786544775 <+*9897*5<76+?98575-　089557783

货物或应税劳务、服务名称	规格型号	单位	数量	单价	金额	税率	税额
污水泵	1.5kW	台	5	1 500.00	7 500.00	13%	975.00
污水泵	4.0kW	台	5	2 000.00	10 000.00	13%	1 300.00
合计					¥ 17 500.00		¥ 2 275.00

价税合计（大写）	⊗壹万玖仟柒佰柒拾伍元整	（小写）19 775.00

销售方	名　　称：石门市威力泵业有限责任公司 纳税人识别号：91130102663689860A 地　址、电　话：石门市开发区 36 号 0311-85327456 开户行及账号：工商银行裕华支行 0759231477000123456	备注	（石门市威力泵业有限责任公司 91130102663689860A 发票专用章）

收款人：　　　复核：　　　开票人：齐伟　　　销售方：（章）

单据 3-18

中 华 人 民 共 和 国
税 收 完 税 证 明

No.41304519010000221

填发日期：2020 年 01 月 10 日　　税务机关：国家税务总局石门税务局第一税务所

纳税人识别号	91130102663689860A		纳税人名称	石门市威力泵业有限责任公司		
原始凭证	税　种	品目名称	税款所属时期	入(退)库日期	实缴(退)金额
41604619010380	企业职工基本养老保险费	职工基本养老保险费(单位)	2020-01-01至2020-01-31	2020-01-10	7 520.00
41604619010380	企业职工基本养老保险费	职工基本养老保险费(个人)	2020-01-01至2020-01-31	2020-01-10	3 760.00
41604619010380	失业保险	失业保险(单位)	2020-01-01至2020-01-31	2020-01-10	283.50
41604619010380	失业保险	失业保险(个人)	2020-01-01至2020-01-31	2020-01-10	121.50
金额合计	（大写）壹万壹仟陆佰捌拾伍元整				¥ 11 685.00
税务机关盖章	(国家税务总局石门市 5号 征税专用章)	填票人	×××	备注：系统税票号码：41304519010000221一般申报正税税款 所属机关：国家税务总局××经济技术开发区税务局 21304××0000	

妥善保管

单据 3-19

中 华 人 民 共 和 国
税 收 完 税 证 明

No.41304519010000222

填发日期：2020 年 01 月 10 日　　　税务机关：国家税务总局石门税务局第一税务所

纳税人识别号	91130102663689860A		纳税人名称	石门市威力泵业有限责任公司	
原始凭证	税　种	品目名称	税款所属时期	入(退)库日期	实缴(退)金额
41604619010379	工伤保险费	工伤保险	2020-01-01至2020-01-31	2020-01-10	648.00
金额合计	(大写)陆佰肆拾捌元整				￥648.00
税务机关盖章	（国家税务总局石门市 5号 征税专用章）		填票人 ×××	备注：系统税票号码：41304519010000222一般申报正税税款 所属机关：国家税务总局××经济技术开发区税务局 21304××0000	

收据联　交纳税人作完税证明

妥善保管

单据 3-20

中 华 人 民 共 和 国
税 收 完 税 证 明

No.41304519010000223

填发日期：2020 年 01 月 10 日　　　税务机关：国家税务总局石门税务局第一税务所

纳税人识别号	91130102663689860A		纳税人名称	石门市威力泵业有限责任公司	
原始凭证	税　种	品目名称	税款所属时期	入(退)库日期	实缴(退)金额
41604619010381	职工基本医疗保险费	职工基本医疗保险费(单位)	2020-02-01至2020-02-29	2020-01-10	5 024.00
41604619010381	职工基本医疗保险费	职工基本医疗保险费(个人)	2020-02-01至2020-02-29	2020-01-10	1 256.00
41604619010381	生育保险	生育保险(单位)	2020-02-01至2020-02-29	2020-01-10	628.00
金额合计	(大写)陆仟玖佰零捌元整				￥6 908.00
税务机关盖章	（国家税务总局石门市 5号 征税专用章）		填票人 ×××	备注：系统税票号码：41304519010000223一般申报正税税款 所属机关：国家税务总局××经济技术开发区税务局 21304××0000	

收据联　交纳税人作完税证明

妥善保管

单据 3-21

社会保险事业管理统一制式

社会保险费通知单

表单编号：（社保××表）

缴费人社保编号：010803221			业务期别：2020年01月				行政区划代码：130102	
缴费人全称	石门市威力泵业有限责任公司		纳税人识别号	91130102663689860A		社保核定流水号	201911506319932054532	

本月社会保险缴费申报汇总（单位：元）

缴费主体		缴费类别	费款所属期	缴费人数	单位缴费基数	单位费率	单位应缴费额	个人缴费基数之和	个人费率	个人应缴费额	利息	滞纳金	应缴金额合计
基本养老保险	单位	当期缴费	2020.01—2020.01	27	47 000.00	16%	7 520.00	47 000.00	8%	3 760.00	0.00	0.00	11 280.00
		单位补缴											
		单位预缴											
	个人	个人补缴				—			—				
		个人补收				—			—				
		个人复缴											
		个人退收											
合计				—	47 000.00	—	7 520.00	47 000.00	—	3 760.00	0.00	0.00	11 280.00

社会保险应缴金额总计（大写）壹万壹仟贰佰捌拾元整

社会保险经办机构填写

经办人：网报自助　经办时间：2020年01月10日　　　签章：石门市社会保障中心审核专用章　审核时间：2020年01月10日

税务接收人：

填表说明：

1. 每月3日前，参保单位根据上月人员增减核定情况、单位补缴核定情况、人员补缴核定情况等向社保经办机构填报此表，进行社会保险申报。
2. 缴费类别：按照当期缴费、单位补缴、单位补欠、单位预缴、个人补缴、个人补欠、个人补收、个人复缴等7种情况分类选择填写。
3. 业务期别：申报期截止日所在的自然年月，等同于税务的缴费期别；参保单位上月申报缴费人数；本期增加人数；上月申报后，参保单位增加的缴费职工人数。

单据 3-22

社会保险事业管理统一制式

社会保险费申报单

表单编号：(社保××表)

社保核定流水号：1234567890
缴费单位全称：石门市威力泵业有限责任公司
缴费期别：2020-01
单位社保编号：010803221
单位税务识别号：91130102663689860A
行政区划代码：130102
征缴信息（金额单位：元，保留2位小数）

险种	缴费类别	费款属期	人数	单位缴费基数	单位费率	单位应缴金额	个人缴费基数	个人费率	个人应缴费额	利息	社保滞纳金	应缴金额合计
失业保险	当期缴费	2020.01—2020.01	27	40500.00	0.7%	283.50	40500.00	0.3%	121.50	0	0	405.00
	当年差额补收											
	当年中断补收											
	滞后保费											
	退收保费											
	冲减待转金											
	合计	—	27	40500.00		283.50	40500.00		121.50	0	0	405.00

社会保险应缴金额总计（大写）：肆佰零伍元整

缴费单位填写
填报人：　　　　经办人：　　　　日期：
（缴费人/社保税务）

社会保险经办机构填写
经办人：　　　　签章：　　　　日期：2020-01-10

本表一式三份　　　本表有效期：永久有效

单据 3-23

社会保险申报表（工伤保险）

2020 年 01 月

单位：人、元

缴费人全称	石门市威力泵业有限责任公司				社保登记号码			010803221	
社保核定流水号	22123456789				开户银行			工商银行裕华支行	
缴费人识别号	91130102663689860A				银行账号			0759231477000123456	
上期人数	27	本期增加人数	0		本期减少人数	0		本期人数	27
行业类别（类）		基准费率	1.5%		浮动费率				

险种	缴费主体	缴费类别	费款属期	缴费人数	单位缴费基数	缴费比例	单位应缴费额	个人缴费基数	缴费比例	个人应缴费额	滞纳金	利息	退收保费	应缴合计	补充工伤	合计
工伤保险	单位	当期缴费	2020.01—2020.01	27	43 200.00	1.5%	648.00	0		0	0	0	0	648.00	0	648.00
		差额补收														
		中断补收														
		稽核补缴														
		单位定额														
		定额预缴														
	个人	个人补欠														
		个人补收														
合计			一		43 200.00	1.5%	648.00			0	0	0	0	648.00	0	648.00

社会保险应缴金额总计（大写） 陆佰肆拾捌元整

缴费单位：（章）	社保征缴管理：（章）	社保基金管理：（章）
经办人：	经办人：	经办人：
	复核人：	20 2020-01-10

备注

单据 3-24

2020年2月石门市医疗保险基金申报表

计量单位：人、月、元（列至角分）

单位编码	×××	统一社会信用代码	91130102663689860A	单位名称	石门市威力泵业有限责任公司	隶属关系	市、地区	统筹区	单位管理码	×××

组织机构代码		本月增加人数		本月减少人数		上月缴费基数总额	养老金总额	本月增加基数总额	养老金总额	本月减少基数总额	养老金总额
职工人数		在职	退休	在职	退休			缴费基数总额		缴费基数总额	
在职	退休	0	0	0	0	62 800.00	×××	×××	×××	×××	×××
合计 27	27	0									

本月医疗保险缴费申报汇总

险种	类型	所属费期	缴费基数总额	养老金总额	缴费人数	单位缴费	个人缴费	缴费基数总额	滞纳金	小计
职工基本医疗保险	当期应缴	2020.02	62 800.00		27	5 024.00	1 256.00			6 280.00
	补欠应缴									
	小计		62 800.00		27	5 024.00	1 256.00		0	6 280.00
公务员医疗补助	当期应缴									
	补欠应缴									
	小计									
企业补充医疗保险	当期应缴									
	补欠应缴									
	小计									
生育保险	当期应缴	2020.02	62 800.00		27	628.00	0			628.00
	补欠应缴									
	小计		62 800.00		27	628.00	0		0	628.00
合计						5 652.00	1 256.00			6 908.00

请按本申报表核定结果，在2020年01月25日前足额缴费，逾期将按照规定收取滞纳金。

经办机构（签章） 经办人： 经办时间：2020/01/10

经办机构填写

（石门市社会保险中心 医疗保险专用章）

打印日期：2020/01/10

单据 3-25

石门市住房公积金管理中心住房公积金汇（补）缴书（单位网厅）

业务日期	2020-01-10	业务流水号	1199399485858-0023450034
单位名称	石门市威力泵业有限责任公司	统一社会信用代码	91130102663689860A
经办人姓名	杨莉	经办人手机号码	13844748898
单位缴存人数	27	月缴存总额	4 518.00
上月汇缴人数	27	本月增加人数	0	本月减少人数	0	本月汇缴人数	27
上月汇缴金额	4 518.00	本月增加金额	0.00	本月减少金额	0.00	本月汇缴金额	4 518.00
补缴人数	0	补缴金额	0.00	本月缴存额合计	4 518.00	汇缴月度	2020.01

经办人签字：　　　　　　　　　　　　　　　　　业务专用章

（石门市住房公积金管理中心 业务专用章(9)）

单据 3-26

河北增值税专用发票

1300162130　NO 00674822　1300162130

00674822

此联不作报销、扣税凭证使用　　开票日期：2020 年 01 月 12 日

购买方	名称：石门市商贸有限责任公司			密码区	/56+75>+79*86967/987<	加密版本：01
	纳税人识别号：91130782205614567D				786><7078976<+*8->876	75786544775
	地址、电话：石门市信合路 10 号 0311-59456011				<++*9897*5<76+?98575-	089557783
	开户行及账号：工商银行信合支行 869886543559784529					

货物或应税劳务、服务名称	规格型号	单位	数量	单价	金额	税率	税额
污水泵	1.5kW	台	10	1 500.00	15 000.00	13%	1 950.00
污水泵	4.0kW	台	10	2 000.00	20 000.00	13%	2 600.00
合计					¥35 000.00		¥4 550.00

价税合计（大写）	⊗ 叁万玖仟伍佰伍拾元整	（小写）39 550.00

销售方	名称：石门市威力泵业有限责任公司	备注
	纳税人识别号：91130102663689860A	
	地址、电话：石门市开发区 36 号 0311-85327456	
	开户行及账号：工商银行裕华支行 0759231477000123456	

收款人：　　　复核：　　　开票人：齐伟　　　销售方：（章）

第一联：记账联　销售方记账凭证

单据 3-27

浙江增值税专用发票

3300162130　NO 00674101　3300162130

00674101

抵扣联　　开票日期：2020 年 01 月 14 日

购买方	名称：石门市威力泵业有限责任公司			密码区	/56+75>+79*86967/987<	加密版本：
	纳税人识别号：91130102663689860A				786><7078976<+*8->876	757865447
	地址、电话：石门市开发区 36 号 0311-85327456				<++*9897*5<76+?98575-	089557783
	开户行及账号：工商银行裕华支行 0759231477000123456					

货物或应税劳务、服务名称	规格型号	单位	数量	单价	金额	税率	税额
轴承	HRB6205	个	100	10.00	1 000.00	13%	130.00
轴承	HRB6304	个	100	11.00	1 100.00	13%	143.00
轴承	HRB6306	个	100	12.00	1 200.00	13%	156.00
轴承	HRB6408	个	100	28.00	2 800.00	13%	364.00
合计					¥6 100.00		¥793.00

价税合计（大写）	⊗ 陆仟捌佰玖拾叁元整	（小写）6 893.00

销售方	名称：杭州市天马轴承厂	备注
	纳税人识别号：91330183000151792Q	
	地址、电话：杭州市天山路 50 号 0571-35458949	
	开户行及账号：工商银行天马支行 9558802555673349076	

收款人：　　　复核：　　　开票人：张晓敏　　　销售方：（章）

第二联：抵扣联　购买方扣税凭证

单据 3-28

3300162130 浙江增值税专用发票 NO 00674101 3300162130

00674101

发票联 开票日期：2020 年 01 月 14 日

购买方	名　　称：石门市威力泵业有限责任公司 纳税人识别号：91130102663689860A 地　址、电话：石门市开发区 36 号 0311-85327456 开户行及账号：工商银行裕华支行 0759231477000123456	密码区	/56+75)+79*86967/987<　加密版本：1 786><7078976<+*8-＞876　7578654477 <++*9897*5<76+?98575-　089557783

货物或应税劳务、服务名称	规格型号	单位	数量	单价	金额	税率	税额
轴承	HRB6205	个	100	10.00	1 000.00	13%	130.00
轴承	HRB6304	个	100	11.00	1 100.00	13%	143.00
轴承	HRB6306	个	100	12.00	1 200.00	13%	156.00
轴承	HRB6408	个	100	28.00	2 800.00	13%	364.00
合计					￥6 100.00		￥793.00

价税合计（大写）	⊗陆仟捌佰玖拾叁元整	（小写）6 893.00

销售方	名　　称：杭州市天马轴承厂 纳税人识别号：91330183000151792Q 地　址、电话：杭州市天山路 50 号 0571-35458949 开户行及账号：工商银行天马支行 95588025556733490762	备注	（杭州市天马轴承厂 发票专用章）

收款人：　　　复核：　　　开票人：张晓敏　　　销售方：（章）

单据 3-29

3300162230 浙江增值税专用发票 NO 00674211 3300162230

00674211

抵扣联 开票日期：2020 年 01 月 14 日

购买方	名　　称：石门市威力泵业有限责任公司 纳税人识别号：91130102663689860A 地　址、电话：石门市开发区 36 号 0311-85327456 开户行及账号：工商银行裕华支行 0759231477000123456	密码区	/56+75)+79*86967/987<　加密版本：1 786><7078976<+*8-＞876　757865447 <++*9897*5<76+?98575-　0895577

货物或应税劳务、服务名称	规格型号	单位	数量	单价	金额	税率	税额
运输费			1	1 000.00	1 000.00	9%	90.00
合计					￥1 000.00		￥90.00

价税合计（大写）	⊗壹仟零玖拾元整	（小写）1 090.00

销售方	名　　称：杭州市汽车运输公司 纳税人识别号：91330112134156446Y 地　址、电话：杭州市天山路52号 0571-35458149 开户行及账号：工商银行天山支行 0713231477000123402	备注	起运地：杭州市 到达地：石门市 车种车号：浙A B259F 运输货物信息：机械产品

收款人：　　　复核：　　　开票人：张敏　　　销售方：（章）

单据 3-30

3300162230 浙江增值税专用发票 NO 00674211 3300162230

00674211

发票联　　开票日期：2020 年 01 月 14 日

购买方	名称：石门市威力泵业有限责任公司 纳税人识别号：91130102663689860A 地址、电话：石门市开发区 36 号 0311-85327456 开户行及账号：工商银行裕华支行 0759231477000123456	密码区	/56+75)+79*86967/987< 786><7078976<+*8->876 <++*9897*5<76<?98575-	加密版本：01 75786544775 089557783

货物或应税劳务、服务名称	规格型号	单位	数量	单价	金额	税率	税额
运输费			1	1 000.00	1 000.00	9%	90.00
合计					￥1 000.00		￥90.00

价税合计（大写）	⊗壹仟零玖拾元整	（小写）1 090.00

销售方	名称：杭州市汽车运输公司 纳税人识别号：91330112134156446Y 地址、电话：杭州市天山路52号0571-35458149 开户行及账号：工商银行天山支行0713231477000123402	备注	起运地：杭州市 到达地：石门市 车种车号：载货车 浙A E359F 运输货物信息：机械产品

收款人：　　　复核：　　　开票人：张敏　　　销售方：（章）

单据 3-31

1300162130 河北增值税专用发票 NO 00674823 1300162130

00674823

此联不作报销、抵扣凭证使用　　开票日期：2020 年 01 月 15 日

购买方	名称：山西长治市商贸有限公司 纳税人识别号：91140400538915790K 地址、电话：长治市长子东旺 7827148 开户行及账号：农业银行长治支行 04716001040126365	密码区	/56+75)+79*86967/987< 786><7078976<+*8->876 <++*9897*5<76<?98575-	加密版本： 7578654475 08955778

货物或应税劳务、服务名称	规格型号	单位	数量	单价	金额	税率	税额
污水泵	1.5kW	台	40	1 400.00	56 000.00	13%	7 280.00
污水泵	4.0kW	台	40	1 800.00	72 000.00	13%	9 360.00
合计					￥128 000.00		￥16 640.00

价税合计（大写）	⊗壹拾肆万肆仟陆佰肆拾元整	（小写）144 640.00

销售方	名称：石门市威力泵业有限责任公司 纳税人识别号：91130102663689860A 地址、电话：石门市开发区36号0311-85327456 开户行及账号：工商银行裕华支行0759231477000123456	备注	

收款人：　　　复核：　　　开票人：齐伟　　　销售方：（章）

单据 3-32

广东增值税专用发票

NO 00775103　4400162130

00775103

抵扣联　　开票日期：2020 年 01 月 16 日

购买方	名　称：	石门市威力泵业有限责任公司			密码区	/56+75)+79*86967/987<	加密版本：1
	纳税人识别号：	91130102663689860A				786>7078976<+*8->876	75786544775
	地址、电话：	石门市开发区36号0311-85327456				<++*9897*5<76+?98575-	089557783
	开户行及账号：	工商银行裕华支行0759231477000123456					

货物或应税劳务、服务名称	规格型号	单位	数量	单价	金额	税率	税额
中承座	1.5kW	个	100	24.50	2 450.00	13%	318.50
中承座	4.0kW	个	100	36.50	3 650.00	13%	474.50
泵体	1.5kW	个	100	52.50	5 250.00	13%	682.50
泵体	4.0kW	个	100	98.50	9 850.00	13%	1 280.50
合计					￥21 200.00		￥2 756.00

价税合计（大写）	⊗ 贰万叁仟玖佰伍拾陆元整	（小写）23 956.00

销售方	名　称：	中山市永强机械厂	备注	
	纳税人识别号：	91442000577931212N		
	地址、电话：	中山市永华路50号0760-23305555		
	开户行及账号：	农业银行开发区支行4226756006763402073		

收款人：　　　复核：　　　开票人：王晓琳　　　销售方：（章）

单据 3-33

广东增值税专用发票

NO 00775103　4400162130

00775103

发票联　　开票日期：2020 年 01 月 16 日

购买方	名　称：	石门市威力泵业有限责任公司			密码区	/56+75)+79*86967/987<	加密版本：1
	纳税人识别号：	91130102663689860A				786>7078976<+*8->876	7578654477
	地址、电话：	石门市开发区 36 号 0311-85327456				<++*9897*5<76+?98575-	089557783
	开户行及账号：	工商银行裕华支行 0759231477000123456					

货物或应税劳务、服务名称	规格型号	单位	数量	单价	金额	税率	税额
中承座	1.5kW	个	100	24.50	2 450.00	13%	318.50
中承座	4.0kW	个	100	36.50	3 650.00	13%	474.50
泵体	1.5kW	个	100	52.50	5 250.00	13%	682.50
泵体	4.0kW	个	100	98.50	9 850.00	13%	1 280.50
合计					￥21 200.00		￥2 756.00

价税合计（大写）	⊗ 贰万叁仟玖佰伍拾陆元整	（小写）23 956.00

销售方	名　称：	中山市永强机械厂	备注	
	纳税人识别号：	91442000577931212N		
	地址、电话：	中山市永华路50号0760-23305555		
	开户行及账号：	农业银行开发区支行4226756006763402073		

收款人：　　　复核：　　　开票人：王晓琳　　　销售方：（章）

单据 3-34

1300162130 河北增值税专用发票 NO 00674804 1300162130

00674804

此联不作报销、扣税凭证使用 开票日期：2020 年 01 月 16 日

购买方	名　　称：大庆市商贸有限公司				密码区	/56+75)+79*86967/987< 786><7078976<+*8->876 <++*9897*5<76+?98575-	加密版本：01 75786544775 089557783	
	纳税人识别号：91230198738635607E							
	地址、电话：大庆市开发区1号 0459-7827148							
	开户行及账号：中国银行开发区支行 170200415706558878							
货物或应税劳务、服务名称	规格型号	单位	数量	单价		金额	税率	税额
污水泵	1.5kW	台	30	1 500.00		45 000.00	13%	5 850.00
污水泵	4.0kW	台	30	2 000.00		60 000.00	13%	7 800.00
合计						¥105 000.00		¥13 650.00
价税合计（大写）	⊗壹拾壹万捌仟陆佰伍拾元整			（小写）118 650.00				
销售方	名　　称：石门市威力泵业有限责任公司				备注			
	纳税人识别号：91130102663689860A							
	地址、电话：石门市开发区36号 0311-85327456							
	开户行及账号：工商银行裕华支行 0759231477000123456							

收款人：　　　　复核：　　　　开票人：齐伟　　　　销售方：（章）

第一联：记账联　销售方记账凭证

单据 3-35

1400162130 山西增值税专用发票 NO 00674221 1400162130

00674221

抵　扣　联　开票日期：2020 年 01 月 17 日

购买方	名　　称：石门市威力泵业有限责任公司				密码区	/56+75)+79*86967/987< 786><7078976<+*8->876 <++*9897*5<76+?98575-	加密版本：1 7578654477 089557783	
	纳税人识别号：91130102663689860A							
	地址、电话：石门市开发区36号 0311-85327456							
	开户行及账号：工商银行裕华支行 0759231477000123456							
货物或应税劳务、服务名称	规格型号	单位	数量	单价		金额	税率	税额
线包	1.5kW	包	100	90.00		9 000.00	13%	1 170.00
转子	1.5kW	个	100	28.00		2 800.00	13%	364.00
机封	φ20	个	100	16.00		1 600.00	13%	208.00
电缆	3*1+1	个	100	4.00		400.00	13%	52.00
合计						¥13 800.00		¥1 794.00
价税合计（大写）	⊗壹万伍仟伍佰玖拾肆元整			（小写）15 594.00				
销售方	名　　称：太原市电器有限公司				备注			
	纳税人识别号：91140083000151792T							
	地址、电话：太原市迎泽路50号 0351-35458949							
	开户行及账号：工商银行迎泽支行 0713231477000112345							

收款人：　　　　复核：　　　　开票人：言语　　　　销售方：（章）

第二联：抵扣联　购买方扣税凭证

单据 3-36

山西增值税专用发票

1400162130　　NO 00674221　1400162130
　　　　　　　　　　　　　　　　　00674221

发票联　　开票日期：2020年01月17日

购买方	名　称：石门市威力泵业有限责任公司	密码区	/56+75>+79*86967/987<　加密版本：
	纳税人识别号：91130102663689860A		786><7078976<+*8->876　7578654477
	地　址、电话：石门市开发区36号 0311-85327456		<++*9897*5<76+?98575-　08955778
	开户行及账号：工商银行裕华支行 0759231477000123456		

货物或应税劳务、服务名称	规格型号	单位	数量	单价	金额	税率	税额
线包	1.5kW	包	100	90.00	9 000.00	13%	1 170.00
转子	1.5kW	个	100	28.00	2 800.00	13%	364.00
机封	φ20	个	100	16.00	1 600.00	13%	208.00
电缆	3*1+1	个	100	4.00	400.00	13%	52.00
合计					¥13 800.00		¥1 794.00

价税合计（大写）	⊗壹万伍仟伍佰玖拾肆元整　（小写）15 594.00

销售方	名　称：太原市电器有限公司	备注
	纳税人识别号：91140083000151792T	
	地　址、电话：太原市迎泽路50号 0351-35458949	
	开户行及账号：工商银行迎泽支行 0713231477000112345	

收款人：　　复核：　　开票人：言语　　销售方：（章）

单据 3-37

山西增值税专用发票

1400162230　　NO 00674231　1400162230
　　　　　　　　　　　　　　　　　00674231

抵扣联　　开票日期：2020年01月17日

购买方	名　称：石门市威力泵业有限责任公司	密码区	/56+75>+79*86967/987<　加密版本：
	纳税人识别号：91130102663689860A		786><7078976<+*8->876　757865447
	地　址、电话：石门市开发区36号 0311-85327456		<++*9897*5<76+?98575-　08955778
	开户行及账号：工商银行裕华支行 0759231477000123456		

货物或应税劳务、服务名称	规格型号	单位	数量	单价	金额	税率	税额
运输费			1	1 380.00	1 380.00	9%	124.20
合计					¥1 380.00		¥124.20

价税合计（大写）	⊗壹仟伍佰零肆元贰角整　（小写）1 504.20

销售方	名　称：太原市汽车运输公司	备注	起运地：太原市
	纳税人识别号：91140012134156446H		到达地：石门市
	地　址、电话：太原市建设大街54号 0351-35450949		车种车号：货车 晋B360P
	开户行及账号：工商银行迎泽支行 0713231477000212345		运输货物信息：电动泵

收款人：　　复核：　　开票人：言晓宇　　销售方：（章）

单据 3-38

山西增值税专用发票 NO 00674231

1400162230   1400162230
              00674231

发票联   开票日期：2020 年 01 月 17 日

购买方	名　称：石门市威力泵业有限责任公司 纳税人识别号：91130102663689860A 地址、电话：石门市开发区 36 号 0311-85327456 开户行及账号：工商银行裕华支行 0759231477000123456	密码区	/56+75)+79*86967/987< 加密版本： 786><7078976<+*8->876 757865447 <++*9897*5<76+?98575- 08955778

货物或应税劳务、服务名称	规格型号	单位	数量	单价	金额	税率	税额
运输费			1	380.00	1 380.00	9%	124.20
合计					￥1 380.00		￥124.20

价税合计（大写）	⊗壹仟伍佰零肆元贰角整	（小写）1 504.20

销售方	名　称：太原市汽车运输公司 纳税人识别号：91140012134156446H 地址、电话：太原市建设大街54号0351-35450949 开户行及账号：工商银行迎泽支行0713231477000212345	备注	起运地：太原市 到达地：石门市 车种车号：载货车 晋A·F369F 运输货物信息：电子产品

收款人：　　　复核：　　　开票人：言晓宇　　　销售方：（章）

单据 3-39

河北增值税专用发票 NO 00674805

1300162130   1300162130
              00674805

此联不作报销、抵税凭证使用 开票日期：2020 年 01 月 18 日

购买方	名　称：石门市兄弟纸业有限公司 纳税人识别号：91130197386356070 地址、电话：石门市开发区 81 号 0311-7827148 开户行及账号：中国银行开发区支行 170200415706	密码区	/56+75)+79*86967/987< 加密版本： 786><7078976<+*8->876 757865447 <++*9897*5<76+?98575- 08955778

货物或应税劳务、服务名称	规格型号	单位	数量	单价	金额	税率	税额
污水泵	1.5kW	台	2	1 500.00	3 000.00	13%	390.00
污水泵	4.0kW	台	2	2 000.00	4 000.00	13%	520.00
合计					￥7 000.00		￥910.00

价税合计（大写）	⊗柒仟玖佰壹拾元整	（小写）7 910.00

销售方	名　称：石门市威力泵业有限责任公司 纳税人识别号：91130102663689860A 地址、电话：石门市开发区 36 号 0311-85327456 开户行及账号：工商银行裕华支行 0759231477000123456	备注	

收款人：　　　复核：　　　开票人：齐伟　　　销售方：（章）

单据 3-40

河北增值税专用发票

1300162130　　NO 00674806　　1300162130

00674806

此联不作报销、抵扣凭证使用　　开票日期：2020 年 01 月 19 日

购买方	名称：定州市污水处理厂 纳税人识别号：91130198738635607C 地址、电话：定州市开发区50号0312-59456032 开户行及账号：工商银行定州中华支行9708558395631585678	密码区	/56+75/+79*86967/987< 786><7078976<+*8->876 <++*9897*5<76+?98575-	加密版本：01 75786544775 089557783

货物或应税劳务、服务名称	规格型号	单位	数量	单价	金额	税率	税额
污水泵	1.5kW	台	5	1 500.00	7 500.00	13%	975.00
污水泵	4.0kW	台	5	2 000.00	10 000.00	13%	1 300.00
合计					¥17 500.00		¥2 275.00

价税合计（大写）	⊗壹万玖仟柒佰柒拾伍元整	（小写）19 775.00

销售方	名称：石门市威力泵业有限责任公司 纳税人识别号：91130102663689860A 地址、电话：石门市开发区 36 号 0311-85327456 开户行及账号：工商银行裕华支行 0759231477000123456	备注	

收款人：　　　复核：　　　开票人：齐伟　　　销售方：（章）

单据 3-41　（留存复印件，原件交受票单位）

河北增值税专用发票

1300162230　　NO 00664901　　1300162230

00664901

抵扣联　　开票日期：2020 年 01 月 19 日

购买方	名称：定州市污水处理厂 纳税人识别号：91130198738635607C 地址、电话：定州市开发区 50 号 0312-59456032 开户行及账号：工商银行定州中华支行 9708558395631585678	密码区	/56+75/+79*86967/987< 786><7078976<+*8->876 <++*9897*5<76+?98575-	加密版本： 757865447 0895577

货物或应税劳务、服务名称	规格型号	单位	数量	单价	金额	税率	税额
运输费			1	800.00	800.00	9%	72.00
合计					¥800.00		¥72.00

价税合计（大写）	⊗捌佰柒拾贰元整	（小写）¥872.00

销售方	名称：石门市顺丰物流有限责任公司 纳税人识别号：9113010266368912F 地址、电话：石门市裕华东路 50 号 0311-85456423 开户行及账号：建设银行裕华支行 0729231477000523423	备注	起运地：石门市 到达地：定州市 车种车号：载货车 冀A E369F 运输货物信息：机械产品

收款人：　　　复核：　　　开票人：刘峰林　　　销售方：（章）

单据 3-42 （留存复印件，原件交受票单位）

河北增值税专用发票

1300162230 NO 00664901 1300162230
00664901

发票联 开票日期：2020 年 01 月 19 日

购买方	名称：定州市污水处理厂	密码区	/56+75)+/79*86967/987< 加密版本：
	纳税人识别号：91130198738635607C		786)<7078976<+*8->876 757865447
	地址、电话：定州市开发区50号 0312-59456032		<++*9897*5<76+?98575- 0895577
	开户行及账号：工商银行定州中华支行 9708558395631585678		

货物或应税劳务、服务名称	规格型号	单位	数量	单价	金额	税率	税额
运输费			1	800.00	800.00	9%	72.00
合计					¥800.00		¥72.00

| 价税合计（大写） | ⊗捌佰柒拾贰元整 | （小写）¥872.00 |

销售方	名称：石门市顺丰物流有限责任公司	备注	起运地：石门市
	纳税人识别号：91130102663689912F		到达地：定州市
	地址、电话：石门市裕华东路50号 0311-85456423		车种车号：载货车·冀A·E369F
	开户行及账号：建设银行裕华支行 0729231477000523423		运输货物信息：机械产品

收款人：　　　复核：　　　开票人：刘峰林　　　销售方：（章）

单据 3-43

河北增值税专用发票

1300162130 NO 00674807 1300162130
00674807

此联不作报销、扣税凭证使用 开票日期：2020 年 01 月 21 日

购买方	名称：郑州市农机有限公司	密码区	/56+75)+/79*8696787< 加密版本：01
	纳税人识别号：91410104798904849Y		7)<7078976<+*8->876 75786544775
	地址、电话：郑州市中华路60号 0371-87045395		<++*997*5<76+?98575- 089557783
	开户行及账号：中国银行郑州中华支行 968937565675768456		

货物或应税劳务、服务名称	规格型号	单位	数量	单价	金额	税率	税额
污水泵	1.5kW	台	20	1 450.00	29 000.00	13%	3 770.00
污水泵	4.0kW	台	20	1 900.00	38 000.00	13%	4 940.00
合计					¥67 000.00		¥8 710.00

| 价税合计（大写） | ⊗柒万伍仟柒佰壹拾元整 | （小写）75 710.00 |

销售方	名称：石门市威力泵业有限责任公司	备注
	纳税人识别号：91130102663689860A	
	地址、电话：石门开发区36号 0311-85327456	
	开户行及账号：工商银行裕华支行 0759231477000123456	

收款人：　　　复核：　　　开票人：齐伟　　　销售方：（章）

单据 3-44 （留存复印件，原件交受票单位）

河北增值税专用发票

NO 00664915　1300162230
00664915

第二联：抵扣联　购买方扣税凭证

开票日期：2020 年 01 月 21 日

购买方	名　称：郑州市农机有限公司 纳税人识别号：91410104798904849Y 地　址、电话：郑州市中华路60号 0371-87045395 开户行及账号：中国银行郑州市中华路支行968937565675768456	密码区	/56+75)+79*86967/987< 786><7078976<+*8->876 <++*9897*5<76+?98575-	加密版本：01 75786544775 089557783

货物或应税劳务、服务名称	规格型号	单位	数量	单价	金额	税率	税额
运输费			1	1 200.00	1 200.00	9%	108.00
合计					￥1 200.00		￥108.00

价税合计（大写）	⊗壹仟叁佰零捌元整	（小写）1 308.00

销售方	名　称：石门市顺丰物流有限责任公司 纳税人识别号：91130102663689I2F 地　址、电话：石门裕华东路50号 0311-85456423 开户行及账号：建设银行裕华支行0729231477000523423	备注	起运地：石门市 到达地：郑州市 车种车号：冀A E269F 运输货物信息：机械产品

收款人：　　复核：　　开票人：刘峰林　　销售方：（章）

单据 3-45 （留存复印件，原件交受票单位）

河北增值税专用发票

NO 00664915　1300162230
00664915

第三联：发票联　购买方记账凭证

开票日期：2020 年 01 月 21 日

购买方	名　称：郑州市农机有限公司 纳税人识别号：91410104798904849Y 地　址、电话：郑州市中华路60号 0371-87045395 开户行及账号：中国银行郑州市中华路支行968937565675768456	密码区	/56+75)+79*86967/987< 786><7078976<+*8->876 <++*9897*5<76+?98575-	加密版本：01 75786544775 089557783

货物或应税劳务、服务名称	规格型号	单位	数量	单价	金额	税率	税额
运输费			1	1 200.00	1 200.00	9%	108.00
合计					￥1 200.00		￥108.00

价税合计（大写）	⊗壹仟叁佰零捌元整	（小写）1 308.00

销售方	名　称：石门市顺丰物流有限责任公司 纳税人识别号：91130102663689I2F 地　址、电话：石门裕华东路50号 0311-85456423 开户行及账号：建设银行裕华支行0729231477000523423	备注	起运地：石门市 到达地：郑州市 车种车号：冀A E269F 运输货物信息：机械产品

收款人：　　复核：　　开票人：刘峰林　　销售方：（章）

单据 3-46

中华人民共和国税收完税证明

（141）冀国证

填发日期：2020年01月25日　　税务机关：石门市国家税务局（车辆购置税）

纳税人识别号	91130102663689860A		纳税人名称	石门市威力泵业有限责任公司	
原凭证号	税种	品目名称	税款所属时期	入库日期	实缴金额
	车辆购置税	车辆购置税	2020-01-01—2020-01-31		11 681.42
合计	（大写）壹万壹仟陆佰捌拾壹元肆角贰分				

税务机关（盖章）	填票人 崔明刚	备注

妥善保管、手写无效

第一联（收据）缴纳税人作完税凭证

单据 3-47

机动车销售统一发票

发票代码 14001024260
发票号码 01211965

开票日期：2020-01-25

机打代码	113002530011	税校码	略		
机打号码	0211954				
机器编号	499905336197				
购买方名称/组织机构代码	石门市威力泵业有限责任公司 66622737-1	纳税人识别码	91130102663689860A		
车辆类型	轿车	厂牌型号	东风雪铁龙 CAM7155B6	产地	南京
合格证号	YL1190115855889	进口证明书号		商检单号	
发动机号码	3366789	车辆识别代号/车架号码	LVRHDEEL5BN382796		
价税合计	※壹拾叁万贰仟元整		小写	132 000.00	
销货单位名称	河北骏达汽车贸易有限公司		电话	0311-85667770	
纳税人识别号	91130102663689830H		账号	6200120190000041363	
地址	石门市北二环东路86号		开户银行	建设银行运河桥支行	
增值税税率或征收率	13%	增值税税额	15 185.84	主管税务机关及代码	石门市长安区国税一分局
不含税价	小写¥116 814.16		吨位	限乘人数	5

销售方盖章　　　　开票人：崔丽　　　　备注：

单据 3-48

机动车销售统一发票

发票代码 14001024260
发票号码 01211965

开票日期：2020-01-25

机打代码	113002530011	税		
机打号码	0211954	校	略	
机器编号	499905336197	码		
购买方名称/组织机构代码	石门市威力泵业有限责任公司 66622737-1	纳税人识别码	91130102663689860A	
车辆类型	轿车	厂牌型号	东风雪铁龙CAM7155B6	产地	南京
合格证号	YL1190115855889	进口证明书号		商检单号	
发动机号码	3366789	车牌识别代号			LVRHDEEL5BN382796
价税合计	※壹拾叁万贰仟元整			¥ 132 000.00	
销货单位名称	河北骏达汽车贸易有限公司	电话	0311-85667770	
纳税人识别号	91130102663689830H	账号	6200012019000041363	
地 址	石门市北二环东路86号	开户银行	建设银行运河桥支行	
增值税税率或征收率	13%	增值税税额	15 185.84	主管税务机关及代码	石门市长安区国税一分局
不含税价	小写¥116 814.16	吨位		限乘人数	5

销售方盖章　　　开票人：崔丽　　　备注：

单据 3-49

1300162320　　河北增值税普通发票　　NO 09209372　　1300162320
09209372

开票日期：2020 年 01 月 25 日

购买方	名　称：	石门市物资回收公司	密码区	/56+75>+79*86967/987< 786><7078976<*8->876 <++*9897*5<76+?98575-	加密版本：01 75786544775 089557783
	纳税人识别号：	91130120050316243K			
	地址、电话：	石门市长安区36号 0311-85327656			
	开户行及账号：	工商银行裕华支行0759231477000123458			

货物或应税劳务、服务名称	规格型号	单位	数量	单价	金额	税率	税额
机加工车床		台	2	1 327.435	2 654.87	13%	345.13
合计					¥2 654.87		¥345.13

价税合计（大写）	⊗ 叁仟元整	（小写）3 000.00

销售方	名　称：	石门市威力泵业有限责任公司	备注
	纳税人识别号：	91130102663689860A	
	地址、电话：	石门市开发区36号 0311-85327456	
	开户行及账号：	工商银行裕华支行0759231477000123456	

收款人：　　复核：　　开票人：齐伟　　销售方：（章）

单据 3-50

河北增值税电子普通发票

NO 00685801 1300162320
00685801

开票日期：2020年01月25日

购买方	名称：石门市威力泵业有限责任公司								
	纳税人识别号：91130102663689860A								
	地址、电话：石门市开发区36号 0311-85327456								
	开户行及账号：工商银行裕华支行 0759231477000123456								

密码区：/56+75)+79*86967/987< 加密版本：01
786)<7078976<+*8->876 75786544775
<++*9897*5<76+?98575- 089557783

货物或应税劳务、服务名称	规格型号	单位	数量	单价	金额	税率	税额
清理费			1	194.17	194.17	3%	5.83
合计					￥194.17		￥5.83

价税合计（大写）：⊗ 贰佰元整   （小写）200.00

销售方	名称：石门市康洁清理有限公司
	纳税人识别号：91130332076241307I
	地址、电话：石门市开发区长江路18号
	开户行及账号：工商银行普华支行 1122345688153356790

备注：（石门市康洁清理有限公司 91130332076241307I 发票专用章）

收款人：　　复核：　　开票人：石江海　　销售方：（章）

单据 3-51

河北增值税普通发票

代开

NO 00023305 1300162350
00023305

开票日期：2020年01月26日

购买方	名称：石门市威力泵业有限责任公司								
	纳税人识别号：91130102663689860A								
	地址、电话：石门市开发区36号 0311-85327456								
	开户行及账号：工商银行裕华支行 0759231477000123456								

密码区：/56+75)+79*86967/987< 加密版本：01
786)<7078976<+*8->876 75786544775
<++*9897*5<76+?98575- 089557783

货物或应税劳务、服务名称	规格型号	单位	数量	单价	金额	税率	税额
技术开发费			1	10 000.00	10 000.00	0%	0
合计					￥10 000.00		0

价税合计（大写）：⊗ 壹万元整   （小写）10 000.00

石门市国家税务局 代开发票专用章

销售方	名称：石门市高新技术开发区国家税务局办税服务（代开机关）
	纳税人识别号：91130111002DK0339T
	地址、电话：石门高新区东城国际商务大厦1-1-1318 85695562
	开户行及账号：320160414000036925

备注：开办企业税务号 91130332076241307B代开企业 财务专用章 名称：石门市机器研究所 （完税凭证号）

（石门市机器研究所）

收款人：　　复核：　　开票人：焦诗琪　　销售方：（章）

单据 3-52

广东增值税专用发票
NO 00674103 4400162130
00674103

抵扣联　　开票日期：2020 年 01 月 26 日

购买方	名　称：石门市威力泵业有限责任公司 纳税人识别号：91130102663689860A 地址、电话：石门市开发区 36 号 0311-85327456 开户行及账号：工商银行裕华支行 0759231477000123456	密码区	/56+75>+79*86967/987<　加密版本：01 786><7078976<+*8->876　75786544775 <++*9897*5<76+?98575-　089557783

货物或应税劳务、服务名称	规格型号	单位	数量	单价	金额	税率	税额
数控机床	HRA010	台	1	200 000.00	200 000.00	13%	26 000.00
合计					￥200 000.00		￥26 000.00

价税合计（大写）	⊗贰拾贰万陆仟元整	（小写）226 000.00

销售方	名　称：广州市机器制造有限公司 纳税人识别号：91440100577931234H 地址、电话：广州市新华路 50 号 020-35458949 开户行及账号：工商银行新华支行 9558802555673349276	备注	（广州市机器制造有限公司 91440100577931234H 发票专用章）

收款人：　　复核：　　开票人：苏琳琳　　销售方：（章）

第二联：抵扣联　购买方扣税凭证

单据 3-53

广东增值税专用发票
NO 00674103 4400162130
00674103

发票联　　开票日期：2020 年 01 月 26 日

购买方	名　称：石门市威力泵业有限责任公司 纳税人识别号：91130102663689860A 地址、电话：石门市开发区 36 号 0311-85327456 开户行及账号：工商银行裕华支行 0759231477000123456	密码区	/56+75>+79*86967/987<　加密版本：01 786><7078976<+*8->876　75786544775 <++*9897*5<76+?98575-　089557783

货物或应税劳务、服务名称	规格型号	单位	数量	单价	金额	税率	税额
数控机床	HRA010	台	1	200 000.00	200 000.00	13%	26 000.00
合计					￥200 000.00		￥26 000.00

价税合计（大写）	⊗贰拾贰万陆仟元整	（小写）226 000.00

销售方	名　称：广州市机器制造有限公司 纳税人识别号：91440100577931234H 地址、电话：广州市新华路 50 号 020-35458949 开户行及账号：工商银行新华支行 9558802555673349276	备注	（广州市机器制造有限公司 91440100577931234H 发票专用章）

收款人：　　复核：　　开票人：苏琳琳　　销售方：（章）

第三联：发票联　购买方记账凭证

单据 3-54

广东增值税专用发票
4400162230 NO 00675103 4400162230
00675103

抵扣联 开票日期：2020 年 01 月 26 日

购买方	名　　称：石门市威力泵业有限责任公司 纳税人识别号：91130102663689860A 地址、电话：石门市开发区 36 号 0311-85327456 开户行及账号：工商银行裕华支行 0759231477000123456	密码区	/56+75)+79*86967/987< 　加密版本： 786)<7078976<+*8->876 　757865447 <++*9897*5<76+?98575-　 08955778

货物或应税劳务、服务名称	规格型号	单位	数量	单价	金额	税率	税额
运输费			1	500.00	500.00	9%	45.00
合计					¥500.00		¥45.00

价税合计（大写）	⊗伍佰肆拾伍元整	（小写）545.00

销售方	名　　称：广州市汽车运输公司 纳税人识别号：91440012134156446Q 地址、电话：广州市海滨路60号020-35458940 开户行及账号：工商银行海滨支行0713231477000123546	备注	起运地：广州市 到达地：石门市 车种车号：载货汽车粤A B269F 运输货物信息：机械产品

收款人：　　　复核：　　　开票人：苏琳琳　　　销售方：（章）

单据 3-55

广东增值税专用发票
4400162230 NO 00675103 4400162230
00675103

发票联 开票日期：2020 年 01 月 26 日

购买方	名　　称：石门市威力泵业有限责任公司 纳税人识别号：91130102663689860A 地址、电话：石门市开发区 36 号 0311-85327456 开户行及账号：工商银行裕华支行 0759231477000123456	密码区	/56+75)+79*86967/987< 　加密版本： 786)<7078976<+*8->876 　757865447 <++*9897*5<76+?98575-　 08955778

货物或应税劳务、服务名称	规格型号	单位	数量	单价	金额	税率	税额
运输费			1	500.00	500.00	9%	45.00
合计					¥500.00		¥45.00

价税合计（大写）	⊗伍佰肆拾伍元整	（小写）545.00

销售方	名　　称：广州市汽车运输公司 纳税人识别号：91440012134156446Q 地址、电话：广州市海滨路60号020-35458940 开户行及账号：工商银行海滨支行0713231477000123546	备注	起运地：广州市 到达地：石门市 车种车号：载货汽车粤A B269F 运输货物信息：机械产品

收款人：　　　复核：　　　开票人：苏琳琳　　　销售方：（章）

单据 3-56

1300162320 河北增值税普通发票 NO 09209373 1300162320

09209373

开票日期：2020 年 01 月 28 日

购买方	名称：石门市新华泵业有限公司 纳税人识别号：91130102663689860W 地址、电话：石门市桥西区 36 号 0311-85327650 开户行及账号：工商银行桥西支行 0759231477100123458	密码区	/56+75)+79*86967/987< 786><7078976<+*8->876 <++*9897*5<76+?98575-	加密版本：01 75786544775 089557783

货物或应税劳务、服务名称	规格型号	单位	数量	单价	金额	税率	税额
非专利技术			1	28 000.00	28 000.00	0%	0
合计					¥28 000.00		0

价税合计（大写）	⊗贰万捌仟元整	（小写）28 000.00

销售方	名称：石门市威力泵业有限责任公司 纳税人识别号：91130102663689860A 地址、电话：石门市开发区 36 号 0311-85327456 开户行及账号：工商银行裕华支行 0759231477000123456	备注	石门市威力泵业有限责任公司 91130102663689860A 发票专用章

收款人：　　　复核：　　　开票人：齐伟　　　销售方：（章）

第一联：记账联 销售方记账凭证

单据 3-57

1300162130 河北增值税专用发票 NO 00674501 1300162130

00674501

开票日期：2020 年 01 月 28 日

抵扣联

购买方	名称：石门市威力泵业有限责任公司 纳税人识别号：91130102663689860A 地址、电话：石门市开发区 36 号 0311-85327456 开户行及账号：工商银行裕华支行 0759231477000123456	密码区	/56+75)+79*86967/987< 786><7078976<+*8->876 <++*9897*5<76+?98575-	加密版本：01 75786544775 089557783

货物或应税劳务、服务名称	规格型号	单位	数量	单价	金额	税率	税额
食品		箱	100	380.00	38 000.00	13%	4 940.00
合计					¥38 000.00		¥4 940.00

价税合计（大写）	⊗肆万贰仟玖佰肆拾元整	（小写）42 940.00

销售方	名称：石门市甜甜食品批发有限公司 纳税人识别号：91130083000151792F 地址、电话：石门市长征路 5 号 0311-35458949 开户行及账号：工商银行长征支行 0713231477000112786	备注	石门市甜甜食品批发有限公司 91130083000151792F 发票专用章

收款人：　　　复核：　　　开票人：魏强　　　销售方：（章）

第二联：抵扣联 购买方扣税凭证

单据 3-58

河北增值税专用发票 NO 00674501

1300162130　　　　　　　　　　　　　　　　　　　1300162130
　　　　　　　　　　　　　　　　　　　　　　　　　00674501

发票联　　　　　　　　开票日期：2020 年 01 月 28 日

购买方	名　称：石门市威力泵业有限责任公司 纳税人识别号：91130102663689860A 地址、电话：石门市开发区 36 号 0311-85327456 开户行及账号：工商银行裕华支行 0759231477000123456	密码区	/56+75)+79*86967/987< 加密版本：01 786><7078976<+*8->876　75786544775 <++*9897<5<76<?98575-　089557783

货物或应税劳务、服务名称	规格型号	单位	数量	单价	金额	税率	税额
食品		箱	100	380.00	38 000.00	13%	4 940.00
合计					￥38 000.00		￥4 940.00

价税合计（大写）	⊗肆万贰仟玖佰肆拾元整	（小写）42 940.00

销售方	名　称：石门市甜甜食品批发有限公司 纳税人识别号：91130083000151792F 地址、电话：石门市长征路 5 号 0311-35458949 开户行及账号：工商银行长征支行 0713231477000112786	备注	（石门市甜甜食品批发有限公司 91130083000151792F 发票专用章）

收款人：　　　　复核：　　　　开票人：张田　　　　销售方：（章）

单据 3-59

河北增值税专用发票 NO 00674109

1300162130　　　　　　　　　　　　　　　　　　　1300162130
　　　　　　　　　　　　　　　　　　　　　　　　　00674109

抵扣联　　　　　　　　开票日期：2020 年 01 月 30 日

购买方	名　称：石门市威力泵业有限责任公司 纳税人识别号：91130102663689860A 地址、电话：石门市开发区 36 号 0311-85327456 开户行及账号：工商银行裕华支行 0759231477000123456	密码区	/56+75)+79*86967/987< 加密版本： 786><7078976<+*8->876　757865447 <++*9897<5<76<?98575-　08955778

货物或应税劳务、服务名称	规格型号	单位	数量	单价	金额	税率	税额
设备修理材料	A010	个	10	100.00	1 000.00	13%	130.00
工具修理材料		套	10	60.00	600.00	13%	78.00
合计					￥1 600.00		￥208.00

价税合计（大写）	⊗壹仟捌佰零捌元整	（小写）1 808.00

销售方	名　称：石门市先锋机器配件厂 纳税人识别号：91130083000361792Y 地址、电话：石门市湘江道 17 号 0311-35458949 开户行及账号：工商银行开发区支行 0713231477000112266	备注	（石门市先锋机器配件厂 91130083000361792Y 发票专用章）

收款人：　　　　复核：　　　　开票人：李丽　　　　销售方：（章）

单据 3-60

 1300162130　河北增值税专用发票 NO 00674109　1300162130

00674109

发　票　联　　开票日期：2020 年 01 月 30 日

购买方	名　　称	石门市威力泵业有限责任公司	密码区	/56+75>+79*86967/987< 786><7078976<+*8->876 <++*9897*5<76<?98575-	加密版本 757865447 08955778
	纳税人识别号	91130102663689860A			
	地　址、电　话	石门市开发区 36 号 0311-85327456			
	开户行及账号	工商银行裕华支行 0759231477000123456			

货物或应税劳务、服务名称	规格型号	单位	数量	单价	金额	税率	税额
设备修理材料	A010	个	10	100.00	1 000.00	13%	130.00
工具修理材料		套	10	60.00	600.00	13%	78.00
合计					￥1 600.00		￥208.00

价税合计（大写）	⊗壹仟捌佰零捌元整　　（小写）1 808.00

销售方	名　　称	石门市先锋机器配件厂	备注	
	纳税人识别号	91130083000361792Y		
	地　址、电　话	石门市湘江道 17 号 0311-35458949		
	开户行及账号	工商银行开发区支行 0713231477000112266		

收款人：　　　　复核：　　　　开票人：李丽　　　　销售方：（章）

第三联：发票联　购买方记账凭证

附录4　成本费用单据

单据 4-1　　　　　　　　　　　折旧计算表
2020 年 01 月 05 日

使用部门	名　称	单位	数量	单价	原　值	月折旧率	本月计提折旧
机加工车间	1号厂房	栋	1	100 000.00	100 000.00	0.42%	420.00
	机加工车床	台	5	10 000.00	50 000.00	1.05%	525.00
	计算机 2	台	1	6 000.00	6 000.00	2.25%	135.00
	数控机床 1	台	1	200 000.00	200 000.00	2.00%	4 000.00
小　计					356 000.00		5 080.00
装配车间	2号厂房	栋	1	100 000.00	100 000.00	0.42%	420.00
	装配车床	台	4	10 000.00	40 000.00	1.05%	420.00
	计算机 3	台	1	6 000.00	6 000.00	2.25%	135.00
小　计					146 000.00		975.00
维修车间	3号厂房	栋	1	100 000.00	100 000.00	0.42%	420.00
	维修机器	台	2	5 000.00	10 000.00	1.05%	105.00
	计算机 4	台	1	6 000.00	6 000.00	2.25%	135.00
小　计					116 000.00		660.00
行政办公	行政楼	栋	1	220 000.00	220 000.00	0.42%	924.00
	计算机 1	台	6	6 000.00	36 000.00	2.25%	810.00
	打印机	台	3	2 100.00	6 300.00	2.25%	141.75
	复印机	台	2	1 325.00	2 650.00	2.25%	59.63
	轿车	辆	2	80 000.00	160 000.00	1.67%	2 672.00
	计算机 5	台	1	6 000.00	6 000.00	2.25%	135.00
小　计					430 950.00		4 742.38
合　计					1 048 950.00		11 457.38

单据 4-2　　　　　　　　　差旅费报销单　　　　　　　附单据 5 张

部门：办公室　　　　　　2020 年 01 月 05 日　　　　　　金额单位：元

出差人	刘超　齐伟		出差事由				展销会			
出发		到达、交通工具		车船费			出差补贴		其他费用	
月	日	地点	月	日	地点		单据张数	票面金额	增值税	天数	金额	项目	单据张数	增值税	价税合计

月	日	地点	月	日	地点		单据张数	票面金额	增值税	天数	金额	项目	单据张数	增值税	价税合计
12	31	石门市			中山市	火车	4	2 616.00	216.00	5	500.00	住宿	1	96.00	1 696.00
												会务			
												其他			
		合　计					4	2 616.00			500.00		1		1 696.00
报销总额		4 812.00	人民币（大写）		肆仟捌佰壹拾贰元整				预借差旅费		3 800.00	补领金额			1 012.00
												归还金额			

领导批示：张天刚　　部门经理：高阳　　财务主管：张华　　出纳：王悦　　经手人：刘超

单据 4-3

费用申请表

申请人：王勇	申请时间：2020 年 01 月 06 日	
用途： 为公司车辆购买汽油 收款单位：中国石油石门分公司开发区经销部 账　　号：1122345688123356778 开 户 行：工商银行开发区支行		领导审批： 同意 张天刚
形式：现金☑　网银☐　汇兑☐　地税划☐　转支☐		
金额(大写)：壹仟壹佰叁拾元整　　　¥：1 130.00		
部门主管：高阳	会计主管：张华	出纳：王悦

-- ✂

单据 4-4

费用申请表

申请人：王勇	申请时间：2020 年 01 月 07 日	
用途： 招待费 收款单位：石门市京东大酒店 账　　号：1122345688123356790 开 户 行：工商银行开发区支行		领导审批： 同意 张天刚
形式：现金☐　网银☑　汇兑☐　地税划☐　转支☐		
金额(大写)：壹仟陆佰贰拾壹元捌角整　¥：1 621.80		
部门主管：高阳	会计主管：张华	出纳：王悦

单据 4-5　　　　　　　　　　　费用申请表

申请人：齐伟	申请时间：2020 年 01 月 07 日	
用途： 支付广告费 收款单位：石门市影视有限责任公司 账　　号：0728651477000123423 开 户 行：建设银行裕华支行		领导审批： 同意 张天刚
形式：现金□　网银☑　汇兑□　地税划□　转支□		
金额（大写）：壹万零陆佰元整	￥：10 600.00	
部门主管：齐伟	会计主管：张华	出纳：王悦

单据 4-6　　　　　　　　　　　费用申请表

申请人：王勇	申请时间：2020 年 01 月 09 日	
用途： 购买办公用纸 收款单位：石门市晨光文具有限责任公司 账　　号：0728651477000123789 开 户 行：建设银行中山支行		领导审批： 同意 张天刚
形式：现金☑　网银□　汇兑□　地税划□　转支□		
金额（大写）：玖佰零肆元整	￥：904.00	
部门主管：高阳	会计主管：张华	出纳：王悦

单据 4-7　　　　　　　　　　　费用申请表

申请人：王勇	申请时间：2020 年 01 月 28 日	
用途： 购买福利食品 收款单位：石门市甜甜食品批发有限公司 账　　号：0713231477000112786 开 户 行：工商银行长征支行		领导审批： 同意 张天刚
形式：现金□　转支☑　汇兑□　地税划□　网银□		
金额（大写）：肆万贰仟玖佰肆拾元整	￥：42 940.00	
部门主管：高阳	会计主管：张华	出纳：王悦

单据 4-8　　　　　　　　　　贷款利息费用计算表　　　　　　2020 年 01 月 30 日

项　目	借款性质	借款日	到期日	借款本金	月利率	本月应计利息
工行借款	流动资金借款	2019-10-01	2020-03-31	400 000.00	0.467%	1 868.00
合　计						1 868.00

制表：李丽　　　　　　　　　　　　　　审核：

单据 4-9　　　　　　　　　　无形资产摊销计算表　　　　　　2020 年 01 月 30 日

序号	无形资产名称	取得时间	原值/元	摊销方法	使用年限	月摊销/元
1	非专利技术 2	2019 年 12 月 01 日	30 000.00	平均年限法	5	500.00
合计						500.00

制表：李丽　　　　　　　　　　　　　　审核：

单据 4-10　　　　　　　　　　研发费用汇总表　　　　　　　2020 年 01 月 30 日

序号	发生的时间	费用名称	金额/元	结转时间	转入科目	备　注
1	2020.01.26	费用化支出	10 000.00	2020.01.30	管理费用	未形成无形资产
合计						

审核人：李丽　　　　　　　　　　　　　　制单人：宋芳

单据 4-11　　　　　　　　　　车间生产工时统计表　　　　　2020 年 01 月 30 日

车　间	生产工时/小时
机加工车间	1 046
其中：污水泵 1.5kW	540
污水泵 4.0kW	506
装配车间	356
其中：污水泵 1.5kW	180
污水泵 4.0kW	176

制表：　　　　　　　　　　　　　　　　审核：

单据 4-12

"五险一金"计算表
石门市威力泵业有限责任公司

纳税人识别号：91130104699216306A 编号：0469 副表人：杨莉 2020年01月

部门	姓名	职级	基本养老保险 基数	基本养老保险 单位16%	基本养老保险 个人8%	工伤保险 基数	工伤保险 单位1.5%	失业保险 基数	失业保险 单位0.7%	失业保险 个人0.3%	医疗、生育保险 基数	医疗、生育保险 单位8%	医疗、生育保险 个人2%	生育1%	住房公积金 基数	住房公积金 单位11%	住房公积金 个人7%	合计 单位	合计 个人
机加工车间	高月	管3	2 000	320.00	160.00	1 600	24.00	1 500	10.50	4.50	2 200	176.00	44.00	22.00	900	99.00	63.00	651.50	271.50
	张波	技3	2 000	320.00	160.00	1 600	24.00	1 500	10.50	4.50	2 600	208.00	52.00	26.00	1 000	110.00	70.00	698.50	286.50
	王英	技3	2 000	320.00	160.00	1 600	24.00	1 500	10.50	4.50	2 600	208.00	52.00	26.00	1 000	110.00	70.00	698.50	286.50
	刘林	技2	1 600	256.00	128.00	1 600	24.00	1 500	10.50	4.50	2 200	176.00	44.00	22.00	900	99.00	63.00	587.50	239.50
	赵杰	技2	1 600	256.00	128.00	1 600	24.00	1 500	10.50	4.50	2 200	176.00	44.00	22.00	900	99.00	63.00	587.50	239.50
小计			9 200	1 472.00	736.00	8 000	120.00	7 500	52.50	22.50	11 800	944.00	236.00	118.00	4 700	517.00	329.00	3 223.50	1 323.50
装配车间	孙瑶	管3	1 600	256.00	128.00	1 600	24.00	1 500	10.50	4.50	2 200	176.00	44.00	22.00	900	99.00	63.00	587.50	239.50
	王平	技3	2 000	320.00	160.00	1 600	24.00	1 500	10.50	4.50	2 600	208.00	52.00	26.00	1 000	110.00	70.00	698.50	286.50
	李贝	技2	1 600	256.00	128.00	1 600	24.00	1 500	10.50	4.50	2 200	176.00	44.00	22.00	900	99.00	63.00	587.50	239.50
	魏刚	技2	1 600	256.00	128.00	1 600	24.00	1 500	10.50	4.50	2 200	176.00	44.00	22.00	900	99.00	63.00	587.50	239.50
小计			6 800	1 088.00	544.00	6 400	96.00	6 000	42.00	18.00	9 200	736.00	184.00	92.00	3 700	407.00	259.00	2 461.00	1 005.00
维修车间	赵阳	管2	2 600	832.00	416.00	4 800	72.00	4 500	31.50	13.50	7 000	560.00	140.00	70.00	2 800	308.00	196.00	1 873.50	765.50
	刘佳	技3	1 500	240.00	120.00	1 600	24.00	1 500	10.50	4.50	2 200	176.00	44.00	22.00	900	99.00	63.00	571.50	231.50
	胡帅	技2	1 000	160.00	80.00	1 600	24.00	1 500	10.50	4.50	2 000	160.00	40.00	20.00	800	88.00	56.00	462.50	180.50
小计			5 200																
销售部	齐伟	管3	2 500	400.00	200.00	3 200	48.00	3 000	21.00	9.00	4 200	336.00	84.00	42.00	1 700	187.00	119.00	1 034.00	412.00
	王亮	管1																	
小计																			

续表

部门	姓名	职级	基本养老保险			工伤保险			失业保险			医疗、生育保险			住房公积金			合计	
			基数	单位 16%	个人 8%	基数	单位 1.5%	基数	单位 0.7%	个人 0.3%	单位 8%	个人 2%	生育 1%	基数	单位 11%	个人 7%	单位	个人
行政管理部门	张天刚	管5	3 000	480.00	240.00	1 600	24.00	1 500	10.50	4.50	2 600	208.00	52.00	26.00	1 000	110.00	70.00	858.50	366.50
	高阳	管4	2 000	320.00	160.00	1 600	24.00	1 500	10.50	4.50	2 600	208.00	52.00	26.00	1 000	110.00	70.00	698.50	286.50
	刘超	管4	2 000	320.00	160.00	1 600	24.00	1 500	10.50	4.50	2 600	208.00	52.00	26.00	1 000	110.00	70.00	698.50	286.50
	李龙	管4	2 000	320.00	160.00	1 600	24.00	1 500	10.50	4.50	2 600	208.00	52.00	26.00	1 000	110.00	70.00	698.50	286.50
	王勇	管3	1 600	256.00	128.00	1 600	24.00	1 500	10.50	4.50	2 200	176.00	44.00	22.00	900	99.00	63.00	587.50	239.50
	孙杰	管2	1 500	240.00	120.00	1 600	24.00	1 500	10.50	4.50	2 200	176.00	44.00	22.00	900	99.00	63.00	571.50	231.50
	张华	管4	2 000	320.00	160.00	1 600	24.00	1 500	10.50	4.50	2 600	208.00	52.00	26.00	1 000	110.00	70.00	698.50	286.50
	宋芳	管3	1 600	256.00	128.00	1 600	24.00	1 500	10.50	4.50	2 200	176.00	44.00	22.00	900	99.00	63.00	587.50	239.50
	李丽	管2	1 500	240.00	120.00	1 600	24.00	1 500	10.50	4.50	2 200	176.00	44.00	22.00	900	99.00	63.00	571.50	231.50
	王悦	管2	1 500	240.00	120.00	1 600	24.00	1 500	10.50	4.50	2 200	176.00	44.00	22.00	900	99.00	63.00	571.50	231.50
	杨华	管3	1 600	256.00	128.00	1 600	24.00	1 500	10.50	4.50	2 200	176.00	44.00	22.00	900	99.00	63.00	587.50	239.50
	周雨	管2	1 500	240.00	120.00	1 600	24.00	1 500	10.50	4.50	2 200	176.00	44.00	22.00	900	99.00	63.00	571.50	231.50
	李霞	管2	1 500	240.00	120.00	1 600	24.00	1 500	10.50	4.50	2 200	176.00	44.00	22.00	900	99.00	63.00	571.50	231.50
小计			23 300.00	3 728.00	1 864.00	20 800.00	312.00	19 500.00	136.50	58.50	30 600.00	2 448.00	612.00	306.00	12 200	1 342.00	854.00	8 272.50	3 388.50
合计			47 000.00	7 520.00	3 760.00	43 200.00	648.00	40 500.00	283.50	121.50	62 800.00	5 024.00	1 256.00	628.00	25 100.00	2 761.00	1 757.00	16 864.50	6 894.50

单据4-13

工资计算表

2020年01月30日

制表人：杨莉

部门	姓名	职级	岗位工资	出勤天数	缺勤天数	出勤工资	工龄补贴	发其他	其他扣款	应付工资	养老扣款	失业扣款	医疗扣款	公积金扣款	个税扣款	扣款合计	实发工资
机加工车间	高月	管3	4 000	21.75	5	3 080.46	0.00	0.00	0.00	3 080.46	160.00	4.50	44.00	63.00	0.00	271.50	2 808.96
	张波	技3	3 642	21.75	0	3 642.00	0.00	0.00	0.00	3 642.00	160.00	4.50	52.00	70.00	0.00	286.50	3 355.50
	王英	技3	3 650	21.75	0	3 650.00	50.00	0.00	0.00	3 700.00	160.00	4.50	52.00	70.00	0.00	286.50	3 413.50
	刘林	技2	2 662	21.75	0	2 662.00	0.00	0.00	0.00	2 662.00	128.00	4.50	44.00	63.00	0.00	239.50	2 422.50
	赵杰	技2	2 820	21.75	0	2 820.00	150.00	0.00	0.00	2 970.00	128.00	4.50	44.00	63.00	0.00	239.50	2 730.50
小计										16 054.46	736.00	22.50	236.00	329.00		1 323.50	14 730.96
装配车间	孙瑶	管3	4 000	21.75	6	2 967.74	0.00	0.00	0.00	2 967.74	128.00	4.50	44.00	63.00	0.00	239.50	2 728.24
	王平	技3	3 406	21.75	0	3 406.00	0.00	0.00	0.00	3 406.00	160.00	4.50	52.00	70.00	0.00	286.50	3 119.50
	李贝	技2	2 812	21.75	0	2 812.00	0.00	0.00	0.00	2 812.00	128.00	4.50	44.00	63.00	0.00	239.50	2 572.50
	魏刚	技2	2 616	21.75	0	2 616.00	100.00	0.00	0.00	2 716.00	128.00	4.50	44.00	63.00	0.00	239.50	2 476.50
小计										11 901.74	544.00	18.00	184.00	259.00		1 005.00	10 896.74
维修车间	赵阳	管2	3 600	21.75	3	3 103.45	0.00	0.00	0.00	3 103.45	128.00	4.50	44.00	63.00	0.00	239.50	2 863.95
	刘佳	技2	2 562	21.75	0	2 562.00	0.00	0.00	150.00	2 412.00	160.00	4.50	52.00	70.00	0.00	286.50	2 125.50
	胡帅	技2	2 468	21.75	0	2 468.00	50.00	0.00	0.00	2 518.00	128.00	4.50	44.00	63.00	0.00	239.50	2 278.50
小计										8 033.45	416.00	13.50	140.00	196.00		765.50	7 267.95
销售部	齐伟	管3	4 000	21.75	0	4 000.00	350.00	0.00	0.00	4 350.00	120.00	4.50	44.00	63.00	0.00	231.50	4 118.50
	王亮	管1	2 100	21.75	0	2 100.00	0.00	0.00	0.00	2 100.00	80.00	4.50	40.00	56.00	0.00	180.50	1 919.50
小计										6 450.00	200.00	9.00	84.00	119.00		412.00	6 038.00

续表

部门	姓名	职级	岗位工资	出勤天数	缺勤天数	出勤工资	工龄补贴	发其他	其他扣款	应付工资	养老扣款	失业扣款	医疗扣款	公积金扣款	个税扣款	扣款合计	实发工资
行政管理部门	张天刚	管5	7 000	21.75	0	7 000.00	150.00	0.00	0.00	7 150.00	240.00	4.50	52.00	70.00	53.51	420.01	6 730.00
	高阳	管4	5 600	21.75	0	5 600.00	0.00	0.00	0.00	5 600.00	160.00	4.50	52.00	70.00	9.41	295.91	5 304.10
	刘超	管4	5 600	21.75	0	5 600.00	0.00	0.00	0.00	5 600.00	160.00	4.50	52.00	70.00	9.41	295.91	5 304.10
	李龙	管4	5 600	21.75	0	5 600.00	0.00	36.78	0.00	5 636.78	160.00	4.50	52.00	70.00	10.51	297.01	5 339.77
	王勇	管3	4 000	21.75	0	4 000.00	100.00	0.00	0.00	4 100.00	128.00	4.50	44.00	63.00	0.00	239.50	3 860.50
	孙杰	管2	3 600	21.75	1	3 434.48	0.00	96.55	340.00	3 191.03	120.00	4.50	44.00	63.00	0.00	231.50	2 959.53
	张华	管4	5 000	21.75	0	5 000.00	0.00	0.00	0.00	5 000.00	160.00	4.50	52.00	70.00	0.00	286.50	4 713.50
	宋芳	管3	4 000	21.75	0	4 000.00	0.00	0.00	0.00	4 000.00	128.00	4.50	44.00	63.00	0.00	239.50	3 760.50
	李丽	管2	3 600	21.75	0	3 600.00	0.00	0.00	0.00	3 600.00	120.00	4.50	44.00	63.00	0.00	231.50	3 368.50
	王悦	管2	3 600	21.75	0	3 600.00	0.00	0.00	0.00	3 600.00	120.00	4.50	44.00	63.00	0.00	231.50	3 368.50
	杨莉	管3	4 000	21.75	0	4 000.00	0.00	0.00	0.00	4 000.00	128.00	4.50	44.00	63.00	0.00	239.50	3 760.50
	周雨	管2	3 600	21.75	0	3 600.00	0.00	0.00	0.00	3 600.00	120.00	4.50	44.00	63.00	0.00	231.50	3 368.50
	李霞	管2	3 600	21.75	2	3 268.97	0.00	0.00	0.00	3 268.97	120.00	4.50	44.00	63.00	0.00	231.50	3 037.47
小计										58 346.78	1 864.00	58.50	612.00	854.00	82.84	3 471.34	54 875.44
合计										100 786.43	3 760.00	121.50	1 256.00	1 757.00	82.84	6 977.34	93 809.09

单据 4-14 "五险一金"费用分配表
2020 年 01 月 30 日 制表人：李丽

应借账户		成本项目	五险一金								
			分配依据/工时	分配率	分配额合计	养老保险	失业保险	工伤保险	医疗保险	生育保险	住房公积金
生产成本——基本生产成本	机加工车间	污水泵 1.5kW	540	—		—	—	—	—	—	—
		污水泵 4.0kW	506	—	※	—	—	—	—	—	—
		小 计	1 046			—	—	—	—	—	—
制造费用		职工薪酬	—								
		合 计	—								
生产成本——基本生产成本	装配车间	污水泵 1.5kW	180	—		—	—	—	—	—	—
		污水泵 4.0kW	176	—	※	—	—	—	—	—	—
		小 计	356								
制造费用		职工薪酬	—								
		合 计									
辅助生产成本	维修车间										
销售费用	销售部门										
管理费用	行政部门		—	—							
合 计											

提示：※注意调整尾差。

单据 4-15 工资费用分配表 2020 年 01 月 30 日

应借账户		成本项目	工资费用		
			分配依据/工时	分配率	分配金额
生产成本——基本生产成本	机加工车间	污水泵 1.5kW	540	—	
		污水泵 4.0kW	506	—	
		小 计	1 046		
制造费用		职工薪酬	—		
		合 计			
生产成本——基本生产成本	装配车间	污水泵 1.5kW	180	—	
		污水泵 4.0kW	176	—	
		小 计	356		
制造费用		职工薪酬			
		合 计			
辅助生产成本	维修车间		—		
销售费用	销售部门		—		
管理费用	行政部门		—		
合 计					

制表：李丽 审核：

单据 4-16　　　　　　　　　　工会经费、教育经费分配表　　　　　　2020 年 01 月 30 日

应借账户	成本项目	成本项目	应付工资	工会经费 2%	教育经费 2.5%	合计
生产成本——基本生产成本	机加工车间	污水泵 1.5kW	直接人工			
		污水泵 4.0kW	直接人工			
		小　计				
制造费用		职工薪酬				
		机加工合计				
生产成本——基本生产成本	装配车间	污水泵 1.5kW	直接人工			
		污水泵 4.0kW	直接人工			
		小　计				
制造费用		职工薪酬				
		装配合计				
辅助生产成本	维修车间					
销售费用	销售部门					
管理费用	行政部门					
合　计						

制表：李丽　　　　　　　　　　　　　　　　　　　审核：

单据 4-17　　　　　　　　　　水电消耗量统计及分配表　　　　　　2020 年 01 月 30 日

应借科目	使用部门	费用项目	电费分配		水费分配		合计
			外购电总费用：8 415.00		外购水总费用：2 730.00		
			电耗总量：9 900 度		水耗总量：2 100 吨		
			用电单价：0.85		用水单价：1.30		
			耗电量	分配金额	耗水量	分配金额	
制造费用	机加工车间	水电费	3 000		600		
制造费用	装配车间	水电费	2 800		500		
生产成本——辅助生产成本	维修车间	水电费	1 500		300		
管理费用	行政部门	水电费	2 600		700		
合　计			9 900		2 100		

制表：李丽　　　　　　　　　　　　　　　　　　　审核：

单据 4-18　　　　　　　　　　　领料汇总表

2020 年 01 月 30 日　　　　　　　　　　　　　附领料单 30 张

材料名称 \ 项目名称	单位	生产领用材料数量			非生产领料数量					合计
		机加工车间		维修车间	机加工车间	装配车间	维修车间	销售部门	行政部门	
		水泵 1.5kW	水泵 4.0kW							
线包 1.5kW	包									
转子 1.5kW	个									
电机盖 1.5kW	个									
电机壳 1.5kW	个									
中承座 1.5kW	个									
泵体 1.5kW	个									
叶轮 1.5kW	个									
泵盖 1.5kW	个									
滤底座 1.5kW	个									
轴承 HRB6205	个									
轴承 HRB6304	个									
机封 $\phi 20$	个									
电缆 3*1+1	个									
线包 4.0kW	包									
转子 4.0kW	个									
电机盖 4.0kW	个									
电机壳 4.0kW	个									
中承座 4.0kW	个									
泵体 4.0kW	个									
叶轮 4.0kW	个									
泵盖 4.0kW	个									
滤底座 4.0kW	个									
轴承 HRB6306	个									
轴承 HRB6408	个									
机封 $\phi 30$	个									
电缆 3*2.5+1	个									
螺栓	个									
螺母	个									
煤油	桶									
机油	桶									
黄油	桶									
工具	件									
手套	打									
合 计		—	—	—	—	—	—	—	—	—

制表：李丽　　　　　　　　　　　　　　　　　　　审核：

单据 4-19　　　　　　　　生产领料汇总及成本计算表　　　　　　　　2020 年 01 月 30 日

材料名称＼项目名称	单位	机加工车间生产领料							
		污水泵 1.5kW			污水泵 4.0kW			合　计	
		数量	平均单价	金额	数量	平均单价	金额	数量	金额
线包 1.5kW	包								
转子 1.5kW	个								
电机盖 1.5kW	个								
电机壳 1.5kW	个								
中承座 1.5kW	个								
泵体 1.5kW	个								
叶轮 1.5kW	个								
泵盖 1.5kW	个								
滤底座 1.5kW	个								
轴承 HRB6205	个								
轴承 HRB6304	个								
机封 ϕ20	个								
电缆 3＊1＋1	个								
线包 4.0kW	包								
转子 4.0kW	个								
电机盖 4.0kW	个								
电机壳 4.0kW	个								
中承座 4.0kW	个								
泵体 4.0kW	个								
叶轮 4.0kW	个								
泵盖 4.0kW	个								
滤底座 4.0kW	个								
轴承 HRB6306	个								
轴承 HRB6308	个								
机封 ϕ30	个								
电缆 3＊2.5＋1	个								
螺栓	个								
螺母	个								
合　计									

制表：李丽　　　　　　　　　　　　　　　　　　　审核：

单据 4-20　　　　　　　　非生产领料汇总及成本计算表　　　　　　　2020 年 01 月 30 日

材料名称＼项目名称	单位	非生产领料							
		机加工车间			装配车间			合　计	
		数量	平均单价	金额	数量	平均单价	金额	数量	金额
煤油	桶								
机油	桶								
黄油	桶								
原材料小计									
工具	件								
手套	打								
周转材料小计									
合　计									

制表：李丽　　　　　　　　　　　　　　　　　　　审核：

单据 4-21

第_____页

一级科目：生产成本

二级科目或明细科目：辅助生产成本

辅助生产成本 明细分类账

2020年		凭证		摘要	借方金额	贷方金额	借或贷	余额
月	日	种类	号数		亿千百十万千百十元角分	亿千百十万千百十元角分		亿千百十万千百十元角分
1	5	记字	02	计提折旧	66000			
	30	记字	44	计提保险费用	187350			
	30	记字	45	计提工资费用	803345			
	30	记字	46	计提工会经费	36151			
	30	记字	49	分摊水电费	166500			

单据 4-22

制造费用明细账

2020 年 01 月 30 日　　　　　　　　　　机加工车间

借方科目 费用来源	职工薪酬	折旧费	水电费	其他	转出
折旧费					
社会保险费					
工资费用					
工会经费、教育经费					
本月水电费					
其他					
合　计					

单据 4-23

制造费用明细账

2020 年 01 月 30 日　　　　　　　　　　装配车间

借方科目 费用来源	职工薪酬	折旧费	水电费	其他	转出
折旧费					
社会保险费					
工资费用					
工会经费、教育经费					
本月水电费					
其他					
合　计					

单据 4-24

制造费用分配表

2020 年 01 月 30 日

车间	产品	分配依据/工时	分配率	分配金额
机加工车间	污水泵 1.5kW	540		
	污水泵 4.0kW	506		
	小 计	1 046		
装配车间	污水泵 1.5kW	180		
	污水泵 4.0kW	176		
	小 计	356		
	合 计			

制表：李丽　　　　　　　　　　　　　　　　　　　　审核：

单据 4-25   **完成产品入库单汇总表**

2020 年 01 月 01 日—2020 年 01 月 30 日   附原始单据   张

产品名称及规格	计量单位	送验数量	实收数量	送验部门	存放地点
污水泵 1.5kW	台			装配车间	成品库
污水泵 4.0kW	台				
合　计		—	—		

制表：李丽   审核：

单据 4-26   **产品生产情况表**

产品名称：污水泵 1.5kW   2020 年 01 月 30 日   单位：台

项　目	机加工车间	装配车间	产成品
月初在产品数量	15	6	
本月投产或上车间转入数量	55	60	
本月完工或转入下车间数量	60	59	59
期末各车间在产品数量	10	7	
加工程度	50%	50%	
备　注	单位产成品均消耗各生产步骤的半成品 1 件		

制表：李丽   审核：

单据 4-27   **产品生产情况表**

产品名称：污水泵 4.0kW   2020 年 01 月 30 日   单位：台

项　目	机加工车间	装配车间	产成品
月初在产品数量	8	6	
本月投产或上车间转入数量	52	56	
本月完工或转入下车间数量	56	54	54
期末各车间在产品数量	4	8	
加工程度	50%	50%	
备　注	单位产成品均消耗各生产步骤的半成品 1 件		

制表：李丽   审核：

单据 4-28   **机加工车间成本计算表**

产品名称：污水泵 1.5kW   2020 年 01 月 30 日   单位：元

月	日	摘　要	直接材料	直接人工	制造费用	合　计
1	01	月初在产品成本	6 000.00	1 200.74	1 000.00	8 200.74
	31	本月生产费用				
	31	累计费用				
		约当产量				
	31	单位费用分配率				
	31	应计入产成品成本份额				
	31	期末在产品成本				

制表：李丽   审核：

单据 4-29

机加工车间成本计算表

产品名称：污水泵 4.0kW　　　　2020 年 01 月 30 日　　　　单位：元

月	日	摘　要	直接材料	直接人工	制造费用	合　计
1	01	月初在产品成本	4 000.00	1 200.00	1 000.00	6 200.00
	31	本月生产费用				
	31	累计费用				
		约当产量				
	31	单位费用分配率				
	31	应计入产成品成本份额				
	31	期末在产品成本				

制表：李丽　　　　　　　　　　　　　　　　　　审核：

单据 4-30

装配车间成本计算表

产品名称：污水泵 1.5kW　　　　2020 年 01 月 30 日　　　　单位：元

月	日	摘　要	直接材料	直接人工	制造费用	合　计
1	01	月初在产品成本	—	800.00	500.00	1 300.00
	31	本月生产费用	—			
	31	累计费用	—			
		约当产量	—			
	31	单位费用分配率	—			
	31	应计入产成品成本份额	—			
	31	期末在产品成本	—			

制表：李丽　　　　　　　　　　　　　　　　　　审核：

单据 4-31

装配车间成本计算表

产品名称：污水泵 4.0kW　　　　2020 年 01 月 30 日　　　　单位：元

月	日	摘　要	直接材料	直接人工	制造费用	合　计
1	01	月初在产品成本	—	800.00	665.00	1 465.00
	31	本月生产费用	—			
	31	累计费用	—			
		约当产量	—			
	31	单位费用分配率	—			
	31	应计入产成品成本份额	—			
	31	期末在产品成本	—			

制表：李丽　　　　　　　　　　　　　　　　　　审核：

单据 4-32

产品成本汇总计算表

产品名称：污水泵 1.5kW　　　　2020 年 01 月 30 日　　　　单位：元

项　目	直接材料	直接人工	制造费用	合计
第一步骤（机加工车间）计入份额				
第二步骤（装配车间）计入份额				
总成本（59）台				
单位成本		—	—	

制表：李丽　　　　　　　　　　　　　　　　　　审核：

单据 4-33

产品成本汇总计算表

产品名称：污水泵 4.0kW　　　　2020 年 01 月 30 日　　　　单位：元

项目	直接材料	直接人工	制造费用	合计
第一步骤（机加工车间）计入份额				
第二步骤（装配车间）计入份额				
总成本(54)台				
单位成本		—	—	

制表：李丽　　　　　　　　　　　　　　　　　　审核：

单据 4-34

发出商品成本汇总表

2020 年 01 月 30 日　　　　　　　　　　　　　　后附出库单 7 张

商品名称	月初余额		本月增加		平均单位成本 $5=(2+4)/(1+3)$（保留 4 位小数）	本月销售	
	数量	实际成本	数量	实际成本		数量	实际成本
	1	2	3	4	5	6	7
污水泵 1.5kW	123	110 700.00					
污水泵 4.0kW	120	180 000.00					

制表：李丽　　　　　　　　　　　　　　　　　　审核：

单据 4-35

库存现金盘点报告单

2020 年 01 月 30 日

上一日账面库存余额	盘点日未记账凭证收入金额	盘点日未记账凭证支出金额	盘点日账面应有金额	盘点实有库存现金数额	盘点日应有与实有差异	
					盘盈	盘亏
1	2	3	4=1+2−3	5	6=4−5<0	7=4−5>0
12 864.89	0	0	12 864.89	12 664.89	—	200.00

出纳：王悦　　　　总账会计：宋芳　　　　财务经理：张华

单据 4-36

盘亏库存现金审批单

　　2020 年 01 月 30 日盘亏现金贰佰元整，未查明原因。系点钞差错造成，特申请由出纳赔偿，做"其他应收款"处理。

同意

领导签字：张天刚

单据 4-37　　　　　　　　　　　利润表　　　　　　　　　　　　会企 02 表

编制单位：　　　　　　　　　　　2020 年 01 月　　　　　　　　　　　　单位：元

项　　目	本期金额	上期金额（略）
一、营业收入		
减：营业成本		
税金及附加		
销售费用		
管理费用		
研发费用		
财务费用		
其中：利息费用		
利息收入		
资产减值损失		
加：其他收益		
投资收益（损失以"－"号填列）		
其中：对联营企业和合营企业的投资收益		
公允价值变动收益（损失以"－"号填列）		
资产处置收益（损失以"－"号填列）		
二、营业利润（亏损以"－"号填列）		
加：营业外收入		
减：营业外支出		
其中：非流动资产处置损失		
三、利润总额（亏损总额以"－"号填列）		
减：所得税费用		
四、净利润（净亏损以"－"号填列）		
（一）持续经营净利润（净亏损以"－"号填列）		
（二）终止经营净利润（净亏损以"－"号填列）		
五、其他综合收益的税后净额		
（一）不能重分类进损益的其他综合收益		
……		
（二）将重分类进损益的其他综合收益		
……		
六、综合收益总额		
七、每股收益		
（一）基本每股收益		
（二）稀释每股收益		

单据 4-38　　　　　　　　　　　　科目汇总表
凭证号　　至凭证号　　　　　　　　年　月　日　　　　　　　字第　号

科目编码	科目名称	借方发生额	贷方发生额
1001	库存现金		
1002	银行存款		
1012	其他货币资金		
1121	应收票据		
1122	应收账款		
1123	预付账款		
1221	其他应收款		
1402	在途物资		
1403	原材料		
1405	库存商品		
1411	周转材料		
1601	固定资产		
1602	累计折旧		
1606	固定资产清理		
1701	无形资产		
1702	累计摊销		
1901	待处理财产损益		
2202	应付账款		
2211	应付职工薪酬		
2221	应交税费		
2231	应付利息		
2241	其他应付款		
4103	本年利润		
5001	生产成本		
5101	制造费用		
5301	研发支出		
6001	主营业务收入		
6401	主营业务成本		
6403	税金及附加		
6601	销售费用		
6602	管理费用		
6603	财务费用		
6711	营业外支出		
合计			

单据 4-39

科目余额试算平衡表

年　月　日

科目编码	科目名称	借方余额	贷方余额
1001	库存现金		
1002	银行存款		
1012	其他货币资金		
1121	应收票据		
1122	应收账款		
1123	预付账款		
1221	其他应收款		
1402	在途物资		
1403	原材料		
1405	库存商品		
1411	周转材料		
1601	固定资产		
1602	累计折旧		
1606	固定资产清理		
1701	无形资产		
1702	累计摊销		
1901	待处理财产损益		
2202	应付账款		
2211	应付职工薪酬		
2221	应交税费		
2231	应付利息		
2241	其他应付款		
4103	本年利润		
5001	生产成本		
5101	制造费用		
5301	研发支出		
6001	主营业务收入		
6401	主营业务成本		
6403	税金及附加		
6601	销售费用		
6602	管理费用		
6603	财务费用		
6711	营业外支出		
合计			

单据 4-40 资产负债表

会企01表

编制单位：石门市威力泵业有限责任公司　2020 年 01 月 31 日　　单位：元

资产	行次	期末余额	年初余额	负债和所有者权益(或股东权益)	行次	期末余额	年初余额
流动资产：				流动负债：			
货币资金			1 632 130.14	短期借款			400 000.00
以公允价值计量且其变动计入当期损益的金融资产				以公允价值计量且其变动计入当期损益的金融负债			
衍生金融资产				衍生金融负债			
应收票据及应收账款			136 800.00	应付票据及应付账款			276 850.00
预付款项			20 000.00	预收款项			
其他应收款			3 800.00	应付职工薪酬			182 237.00
存货			455 964.54	应交税费			9 184.00
持有待售资产				其他应付款			2 100.00
一年内到期的非流动资产				持有待售负债			
其他流动资产				一年内到期的非流动负债			
流动资产合计			2 248 694.68	其他流动负债			
非流动资产：				流动负债合计			870 371.00
可供出售金融资产				非流动负债：			
持有至到期投资				长期借款			
长期应收款				应付债券			
长期股权投资				其中：优先股			
投资性房地产				永续债			
固定资产			852 685.01	长期应付款			
在建工程				预计负债			
工程物资				递延收益			
生产性生物资产				递延所得税负债			
油气资产				其他非流动负债			
无形资产			59 000.00	非流动负债合计			
开发支出				负债合计			870 371.00
商誉				所有者权益(或股东权益)：			
长期待摊费用				实收资本(或股本)			2 000 000.00
递延所得税资产				其他权益工具			
其他非流动资产				其中：优先股			
非流动资产合计			911 685.01	永续债			
				资本公积			200 000.00
				减：库存股			
				其他综合收益			
				盈余公积			
				未分配利润			90 008.69
				所有者权益(或股东权益)合计			2 290 008.69
资产总计			3 160 379.69	负债和所有者权益(或股东权益)总计			3 160 379.69

单据 4-41　　　　　　　　　　**增值税纳税申报表**

（一般纳税人适用）

根据国家税收法律法规及增值税相关规定制定本表。纳税人不论有无销售额，均应按税务机关核定的纳税期限填写本表，并向当地税务机关申报。

税款所属时间：自　年　月　日至　年　月　日　　填表日期：　年　月　日　金额单位：元至角分

纳税人识别号					所属行业：		
纳税人名称	（公章）	法定代表人姓名		注册地址		生产经营地址	
开户银行及账号			登记注册类型			电话号码	

项　目		栏　次	一般项目		即征即退项目	
			本月数	本年累计	本月数	本年累计
销售额	（一）按适用税率计税销售额	1				
	其中：应税货物销售额	2				
	应税劳务销售额	3				
	纳税检查调整的销售额	4				
	（二）按简易办法计税销售额	5				
	其中：纳税检查调整的销售额	6				
	（三）免、抵、退办法出口销售额	7			—	—
	（四）免税销售额	8			—	—
	其中：免税货物销售额	9			—	—
	免税劳务销售额	10			—	—
税款计算	销项税额	11				
	进项税额	12				
	上期留抵税额	13				
	进项税额转出	14				
	免、抵、退应退税额	15			—	—
	按适用税率计算的纳税检查应补缴税额	16			—	—
	应抵扣税额合计	17＝12＋13－14－15＋16			—	—
	实际抵扣税额	18（如17＜11，则为17，否则为11）				
	应纳税额	19＝11－18				
	期末留抵税额	20＝17－18				—
	简易计税办法计算的应纳税额	21				
	按简易计税办法计算的纳税检查应补缴税额	22				
	应纳税额减征额	23				
	应纳税额合计	24＝19＋21－23				

续表

项　　目		栏　次	一般项目		即征即退项目	
			本月数	本年累计	本月数	本年累计
税款缴纳	期初未缴税额（多缴为负数）	25				
	实收出口开具专用缴款书退税额	26			—	—
	本期已缴税额	27＝28＋29＋30＋31				
	①分次预缴税额	28			—	—
	②出口开具专用缴款书预缴税额	29			—	—
	③本期缴纳上期应纳税额	30				
	④本期缴纳欠缴税额	31				
	期末未缴税额（多缴为负数）	32＝24＋25＋26－27				
	其中：欠缴税额（≥0）	33＝25＋26－27				
	本期应补（退）税额	34＝24－28－29				
	即征即退实际退税额	35	—	—		
	期初未缴查补税额	36				
	本期入库查补税额	37				
	期末未缴查补税额	38＝16＋22＋36－37			—	—
授权声明	如果你已委托代理人申报，请填写下列资料： 为代理一切税务事宜，现授权　　　　　（地址）为本纳税人的代理申报人，任何与本申报表有关的往来文件，都可寄予此人。 授权人签字：	申报人声明	本纳税申报表是根据国家税收法律法规及相关规定填报的，我确定它是真实的、可靠的、完整的。 声明人签字：			

主管税务机关：　　　　　接收人：　　　　　接收日期：

单据 4-42

增值税纳税申报表附列资料（一）
（本期销售情况明细）

纳税人名称：（公章）　　税款所属时间：　年　月　日至　年　月　日

金额单位：元至角分

项目及栏次			开具增值税专用发票		开具其他发票		未开具发票		纳税检查调整		合计			服务、不动产和无形资产本期实际扣除金额	扣除后	
			销售额	销项（应纳）税额	销售额	销项（应纳）税额	销售额	销项（应纳）税额	销售额	销项（应纳）税额	销售额	销项（应纳）税额	价税合计		含税（免税）销售额	销项（应纳）税额
			1	2	3	4	5	6	7	8	9=1+3+5+7	10=2+4+6+8	11=9+10	12	13=11-12	14=13÷(100%+税率或征收率)×税率或征收率
一、一般计税方法计税	全部征税项目	13%税率的货物及加工修理修配劳务	1													
		13%税率的服务、不动产和无形资产	2											—	—	—
		9%税率的货物及加工修理修配劳务	3											—	—	—
		9%税率的服务、不动产和无形资产	4													
		6%税率	5													
	其中：即征即退项目	即征即退货物及加工修理修配劳务	6											—	—	—
		即征即退服务、不动产和无形资产	7											—	—	—
二、简易计税方法计税	全部征税项目	6%征收率	8											—	—	—
		5%征收率的货物及加工修理修配劳务	9a											—	—	—

续表

项目及栏次		开具增值税专用发票		开具其他发票		未开具发票		纳税检查调整		合计			服务、不动产和无形资产扣除项目本期实际扣除金额	扣除后	
		销售额	销项(应纳)税额	销售额	销项(应纳)税额	销售额	销项(应纳)税额	销售额	销项(应纳)税额	销售额	销项(应纳)税额	价税合计		含税(免税)销售额	销项(应纳)税额
		1	2	3	4	5	6	7	8	9=1+3+5+7	10=2+4+6+8	11=9+10	12	13=11-12	14=13÷(100%+税率或征收率)×税率或征收率
二、简易计税方法计税	全部征税项目	5%征收率的服务、不动产和无形资产 9b													
		4%征收率 10													
		3%征收率的货物及加工修理修配劳务 11													
		3%征收率的服务、不动产和无形资产 12													
	其中:即征即退项目	预征率 % 13a													
		预征率 % 13b													
		预征率 % 13c													
三、免抵退税	即征即退货物及加工修理修配劳务 14	—	—	—	—	—	—	—	—	—	—	—	—	—	—
	即征即退服务、不动产和无形资产 15	—	—	—	—	—	—	—	—	—	—	—	—	—	—
	货物及加工修理修配劳务 16	—	—	—	—	—	—	—	—	—	—	—	—	—	—
	服务、不动产和无形资产 17	—	—	—	—	—	—	—	—	—	—	—	—	—	—
四、免税	货物及加工修理修配劳务 18	—	—	—	—	—	—	—	—	—	—	—	—	—	—
	服务、不动产和无形资产 19	—	—	—	—	—	—	—	—	—	—	—	—	—	—

单据 4-43

增值税纳税申报表附列资料（二）
（本期进项税额明细）

税款所属时间： 　年　月　日至　年　月　日

纳税人名称：（公章）　　　　　　　　　　　　　　　　　　　　　　　　　金额单位：元至角分

一、申报抵扣的进项税额				
项　目	栏　次	份数	金额	税额
（一）认证相符的增值税专用发票	1＝2＋3			
其中：本期认证相符且本期申报抵扣	2			
前期认证相符且本期申报抵扣	3			
（二）其他扣税凭证	4＝5＋6＋7＋8a＋8b			
其中：海关进口增值税专用缴款书	5			
农产品收购发票或者销售发票	6			
代扣代缴税收缴款凭证	7		—	
加计扣除农产品进项税额	8a		—	—
其他	8b			
（三）本期用于购建不动产的扣税凭证	9			
（四）本期用于抵扣的旅客运输服务扣税凭证	10			
（五）外贸企业进项税额抵扣证明	11		—	
当期申报抵扣进项税额合计	12＝1＋4＋11			

二、进项税额转出额		
项　目	栏　次	税额
本期进项税额转出额	13＝14至23之和	
其中：免税项目用	14	
集体福利、个人消费	15	
非正常损失	16	
简易计税方法征税项目用	17	
免抵退税办法不得抵扣的进项税额	18	
纳税检查调减进项税额	19	
红字专用发票信息表注明的进项税额	20	
上期留抵税额抵减欠税	21	
上期留抵税额退税	22	
其他应作进项税额转出的情形	23	

三、待抵扣进项税额				
项　目	栏　次	份数	金额	税额
（一）认证相符的增值税专用发票	24	—	—	—
期初已认证相符但未申报抵扣	25			
本期认证相符且本期未申报抵扣	26			
期末已认证相符但未申报抵扣	27			
其中：按照税法规定不允许抵扣	28			
（二）其他扣税凭证	29＝30至33之和			
其中：海关进口增值税专用缴款书	30			
农产品收购发票或者销售发票	31			
代扣代缴税收缴款凭证	32		—	
其他	33			
	34			

四、其他				
项　目	栏　次	份数	金额	税额
本期认证相符的增值税专用发票	35			
代扣代缴税额	36		—	—

参考文献

[1] 中华人民共和国财政部会计司编写组.企业会计准则讲解[M].北京:人民出版社,2010.
[2] 全国注册税务师职业资格考试教材编写组.税法(Ⅰ)[M].北京:中国税务出版社,2018.
[3] 周兴荣,宋绍清.会计实务模拟——综合篇[M].北京:科学出版社,2007.
[4] 孙万军.会计综合实训[M].3版.北京:高等教育出版社,2017.
[5] 高翠莲.出纳实务操作[M].3版.北京:高等教育出版社,2017.
[6] 顾全根,刘洪海,杨荐.成本会计实务[M].3版.北京:清华大学出版社,2018.
[7] 江希和,向有才.成本会计教程[M].5版.北京:高等教育出版社,2014.